프렌즈
테마여행
시리즈
002

요즘 도쿄 맛집

마이구루루 지음

중앙books

★
Notice

이 책에 실린 정보는 2025년 최신 정보를 수집해 반영했으나, 예고 없이 현지 영업시간이 변경되거나 요금이 인상되는 경우가 있을 수 있습니다. 방문 직전 책의 구글맵 링크를 통해 현지 정보를 더블 체크 해보시길 권장드립니다.

맞춤법과 외래어 표기는 기본적으로 국립국어원의 용례를 따랐으나, 외래어 표기법을 기본으로 하되, 통상적으로 많이 사용하는 익숙한 표기를 따랐습니다. 특히 일본어 메뉴 표기는 현지에서 실제로 주문 시 도움될 수 있도록, 현지식 발음에 가깝게 표기했습니다. 가게명은 일본어와 영어로 병기되어 있으며 대소문자 표기 등은 가게의 공식 표기를 따랐습니다.

작가의 말

안녕하세요. 《요즘 도쿄 맛집》을 집필한 '마이구루루'의 이다슬입니다. 저는 일본 맛집 예약 플랫폼 '마이구루루'에서 콘텐츠 기획을 하고 있으며, 일본 도쿄에 거주하고 있습니다.

도쿄에서 살다 보면 일상에서 빠질 수 없는 고민은, "오늘 점심은 어디서 먹을까?", "저녁은 누구와 어디에서 마실까?" 같은 식사 메뉴와 장소를 고르는 일이죠. 일본인 동료들이 알려준 가게, 우연히 발걸음을 멈춰 들어갔던 작은 식당들, 요즘 들어 떠오르는 핫한 식당부터, 오랫동안 사랑받아온 노포…. 이곳 사람들은 자신만의 도쿄 맛집 데이터를 차곡차곡 쌓아 나갑니다. 독자 여러분들이 한국에서 자신만의 맛집 데이터를 쌓아나가는 것처럼요.

하지만 이 책은 단순히 제가 모아온 '입소문 맛집 모음집'은 아닙니다. '마이구루루'는 국내 이용자들에게도 잘 알려진 일본 최대 예약 플랫폼인 '구루나비'와의 협업을 통해, 한국인을 위한 일본 맛집 예약 플랫폼을 론칭 준비 중입니다. 이 책에서는 '구루나비'의 방대한 일본 맛집 예약 데이터를 기반으로 추려낸 진짜 맛집들 중에서도, 도쿄 사람들 사이에서 정말 맛있기로 소문난 곳들만 '마이구루루'가 엄선해 소개합니다. 그뿐만 아니라 구루나비에도 없는 현지인 맛집을 추가로 선별했으며, 실제로 주변의 도쿄 현지인들의 의견을 토대로 다시 가고 싶다는 생각이 들었던 곳들만 골라 엄선했습니다.

서울에도 여러 번화가가 있듯, 도쿄에도 관광 명소로 이미 유명한 시부야, 신주쿠에서 한 걸음만 더 가면 로컬들이 자주 찾는 진짜 거리가 나타납니다. 도쿄의 젊은 사람들이 요즘 많이 찾는 떠오르는 동네와, 도쿄 안에서도 진짜 '현지인들의 일상과 취향'이 살아 있는 장소들을 15개로 추려 담아냈습니다. 감성적인 카페와 소규모 갤러리가 밀집한 지역, 트렌디한 바와 레스토랑이 모여 있어 젊은 도쿄 사람들이 즐겨 찾는 핫플레이스, 조용히 수십 년간 사랑받아온 노포들이 즐비한 거리 등 다양한 매력을 지닌 도쿄의 동네들을 중심으로 동네별 추천 가게들을 담았습니다. 이자카야, 스시, 야키니쿠, 카페, 와인바 등 다양한 장르의 가게를 고루 소개했으니 어떤 취향이든 분명 마음에 드는 곳을 발견하실 수 있을 것입니다.

책에서는 본격적인 가게 소개에 앞서, 일본에서는 어떤 식문화를 즐길 수 있는지 간단히 소개했습니다. 꼭 한 번쯤 맛보셨으면 하는 일본 음식들과, 야키니쿠, 야키토리 등 일본 식당에서 맞닥뜨리는 메뉴판을 이해할 수 있도록 '메뉴판 해설' 코너를 만들어, 한국인에게 생소한 고기 부위, 일본 식당의 독특한 문화 등 읽을 거리를 아낌없이 담았습니다. 이해할 수 있도록 간단한 읽는 법도 함께 정리했습니다.

맛집뿐만 아니라 도쿄 사람들이 즐겨 찾는 목욕탕, 잘 알려지지 않은 감각적인 편집숍, 트렌디한 소품숍 등의 정보를 제공해, 단순한 맛집 여행을 넘어 도쿄의 진짜 라이프스타일을 경험할 수 있도록 돕습니다. 또한 도쿄 여행에서 빼놓을 수 없는 쇼핑과 기념품, 여정 사이사이 들르면 좋은 명소들도 함께 실었습니다.

여행을 준비하는 독자분들이 이 책을 펼쳤을 때, 단순히 맛집 정보를 넘어 "도쿄라는 도시를 이렇게도 경험할 수 있구나"라는 감흥을 느끼길 바라는 마음으로 정성껏 책을 만들었습니다. 여러분의 도쿄 여행이 더 맛있고 풍성해지기를 바라며, 이 책이 좋은 길잡이가 되어드릴 수 있다면 더없이 기쁠 것 같습니다.

맛집 큐레이션과 예약을 동시에
마이구루루

마이구루루는 도쿄에서 생활해온 한국인 기획자들이 모여 만든 로컬 맛집 큐레이션 프로젝트입니다. "맛집 발견과 동시에 바로 예약까지 연결될 수 있다면 얼마나 편리할까?"라는 생각으로부터 마이구루루가 시작되었습니다. 현재 마이구루루는 일본 현지의 외식·예약 플랫폼들과 협업하며 서비스 오픈을 준비 중입니다. 도쿄 곳곳의 로컬 맛집 소개와 동시에 예약이 가능하게 하는 서비스를 선보일 예정입니다. 이 책에 수록된 가게들은 모두 서비스 오픈에 앞서 가장 먼저 추천하고 싶었던 장소들입니다.

마이구루루의 공식 인스타그램에서는 엄선된 맛집뿐만 아니라, 도쿄 현지인이 사랑하는 마트·목욕탕·편집샵 등 '진짜 도쿄'를 체험할 수 있는 장소들도 소개하고 있어요. 직접 방문하여 촬영한 영상과 사진으로 도쿄의 분위기를 생생하게 전하고 있습니다.

인스타그램을 통해 진짜 도쿄 정보를 팔로우하시고, 마이구루루의 서비스 오픈을 기대해주세요. 한 끼를 넘어 하나의 경험이 되도록, 마이구루루가 진짜 도쿄 미식 경험을 도와드리겠습니다.

공식 홈페이지 mygrr.com/ko/
공식 인스타그램 @mygrr_official

이 책을 사용하는 법

가게명
가게의 이름을 표기한 부분입니다. 일본어와 영어를 함께 적어 현지에서도 쉽게 알아볼 수 있도록 했습니다.

가게 소개글
가게의 전반적인 분위기와 주요 메뉴, 추천 이유 등을 확인할 수 있습니다.

INFO란 (맛집 정보)
주소, 영업시간, 휴무일, 추천 메뉴를 정리했습니다. 가게의 영문 주소도 함께 실었습니다.

구글맵 QR코드
마음에 드는 맛집 페이지가 나오면 스마트폰 카메라로 QR코드를 찍어보세요. 화면에 나타난 링크를 누르면 구글맵으로 이동합니다. 정확한 위치와 현지 사정에 따른 휴무일 등을 확인할 수 있습니다.

책 속 맛집 구글맵 리스트 전체 다운로드

목차에 있는 QR코드를 스마트폰 카메라로 찍으면, 이 책의 모든 맛집 리스트를 한 번에 다운로드 할 수 있습니다.

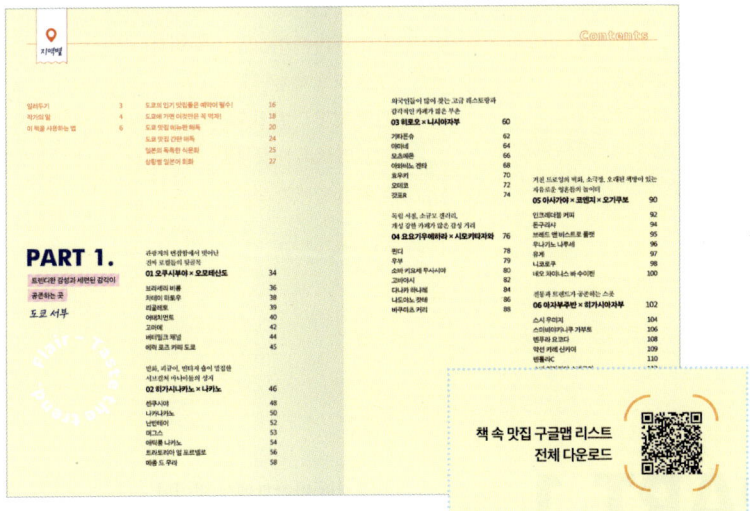

두 종류의 목차

① 지역별 목차
한 장씩 순서대로 페이지를 넘겨보며 도쿄의 지역별 맛집 정보를 읽을 수 있습니다.

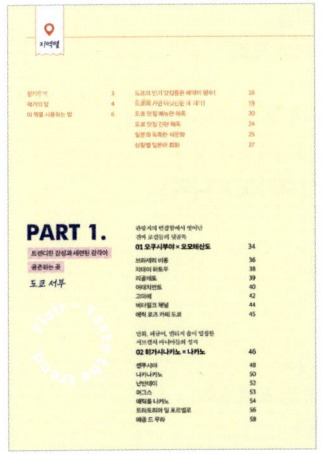

② 음식별 목차
음식별로 재구성한 목차로, 원하는 메뉴별로 맛집을 찾아볼 수 있어요.

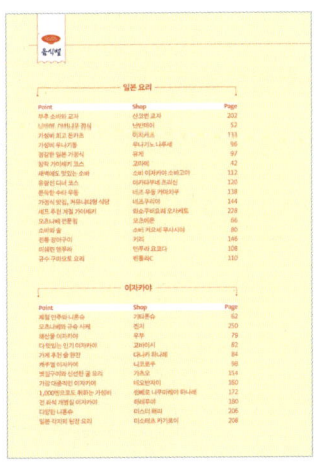

지역별

일러두기	3
작가의 말	4
이 책을 사용하는 법	6

도쿄의 인기 맛집들은 예약이 필수!	16
도쿄에 가면 이것만은 꼭 먹자!	18
도쿄 맛집 메뉴판 해독	20
도쿄 맛집 간판 해독	24
일본의 독특한 식문화	25
상황별 일본어 회화	27

PART 1.

트렌디한 감성과 세련된 감각이 공존하는 곳

도쿄 서부

관광지의 번잡함에서 벗어난
진짜 로컬들의 뒷골목
01 오쿠시부야 × 오모테산도   34

브라세리 비롱	36
차테이 하토우	38
리골레토	39
어태치먼트	40
고마메	42
버터밀크 채널	44
에릭 로즈 카페 도쿄	45

만화, 피규어, 빈티지 숍이 밀집한
서브컬처 마니아들의 성지
02 히가시나카노 × 나카노   46

센쿠시야	48
나카나카노	50
난반테이	52
머그스	53
애틱룸 나카노	54
트라토리아 일 포르넬로	56
메종 드 무라	58

Contents

외국인들이 많이 찾는 고급 레스토랑과
감각적인 카페가 많은 부촌
03 히로오 × 니시아자부   60

기타폰슈   62
아마네   64
모츠에몬   66
아와비노 겐타   68
효우키   70
오데코   72
갓포R   74

독립 서점, 소규모 갤러리,
개성 강한 카페가 많은 감성 거리
04 요요기우에하라 × 시모키타자와   76

퀸디   78
우부   79
소바 키요세 무사시야   80
고바야시   82
다나카 하나레   84
나도야노 캇테   86
바쿠마츠 커리   88

거친 드로잉의 벽화, 소극장, 오래된 책방이 있는
자유로운 영혼들의 놀이터
05 아사가야 × 코엔지 × 오기쿠보   90

인크레더블 커피   92
돈구리샤   94
브레드 앤 비스트로 플랫   95
우나기노 나루세   96
유게   97
니코로쿠   98
네오 차이니스 바 수이켄   100

전통과 트렌드가 공존하는 스폿
06 아자부주반 × 히가시아자부   102

스시 우미지   104
스미비야키니쿠 가부토   106
덴푸라 요코다   108
약선 카레 신카이   109
펜톨라C   110
소바 이자카야 소바고야   112
히시누마   114

책 속 맛집 구글맵 리스트
전체 다운로드

PART 2.

레트로 감성과 로컬의 일상을
느낄 수 있는 지역

도쿄 동부

갤러리, 공방, 커피 로스터리가 밀집한
떠오르는 도쿄 MZ 스폿
01 기요스미시라카와 × 료고쿠 × 구라마에　118

야카타부네 츠리신	120
호르몬야키 하세가와	121
칠아웃 커피 & 레코즈	122
셰이크 트리	124
플러스앵글 커피 웍스	126
오핀	128
바크 베이크 & 로스트	130
매클린 올드패션드 다이너	132
이치카츠	133

우에노의 양쪽 얼굴,
천천히 걷고 싶은 동네들
02 네즈·야나카 × 오카치마치·이나리초　134

가야바 커피	136
네즈 우동 카마치쿠	138
루트 북스	140
229	142
네즈쿠리야	144
키리	146
스이샤	148

오래된 노포와 감각적인 카페가
공존하는 따스한 감성의 거리
03 기타센주 × 미나미센주　150

토라후구 테이	152
가츠오	154
비스트로 2538	156
겐다야	158
네오반자이	160
다트 업	162
스시 에비스	164

서민적인 이자카야 문화가
살아 있는 동네
04 아카바네　166

테라테라 아카바네	168
레체 아카바네	170
센베로 니쿠마레야 하나레	172
긴메노도구로야	174
토리오	176
말라에키	178
하레루야	180

PART 3.

전통과 현대가 공존하는
역사와 문화의 중심지

도쿄 도심

에도 시대의 정취가 남아
오래된 가게와 로컬 시장이 있는 동네
01 닌교초 × 스이텐구마에 184

브라더스 186
바이론베이 커피 188
파크렛 베이커리 190
일 마레 블루 192
닌교초 다니자키 193
만요켄 194
다테노쿠라 196

중고 서점과 오래된 카레 맛집이 가득한,
헌책과 카레의 거리
02 간다 × 진보초 198

본디 카레 200
산코엔 교자 202
쿠오레 도로 204
미스터 해피 206
미소테츠 카키로이 208
바카우마 210
숙성 와규 야키니쿠 에이징 비프 와테라스 212

프랑스 사람들이 자리를 튼 도쿄 속 작은 유럽
03 가구라자카 × 이이다바시 214

카날 카페 216
아카 아마 커피 218
위켄더스 커피 올라이트 220
플람므 플람므 222
라 프로슈테리아 224
비스트로 플랜 쿨 226
와쇼쿠비요리 오사케토 228

도쿄 타워가 가까이 보이는 숨은 맛집의 거리
04 다이몬 × 하마마츠초 230

자호 커피 로스터 & 와인 바 232
__이즈 라이프 234
유메이덴 236
PST 히가시 아자부 238
와라야키야 료마노토 240
하마마츠초 키친 242
에치고 사카보 하카이산 244

조용한 신사와 클래식한 분위기가 돋보이는
도심 속 힐링 공간
05 요츠야 × 이치가야 246

패시지 커피 248
기타신치 토리야 249
겐지 250
후쿠노토리 소토보리도리 252
피제리아 트라토리아 니타나 254
엘 치링기토 256
토로포 258

부록

요즘 도쿄 꿀템 & 히든 스폿

- 현지인이 사랑하는 도쿄 목욕탕 추천 262
- 일본 전국의 쌀, 솥밥 키트를 만날 수 있는
  쌀 편집 숍 아코메야 266
- 위스키 쇼핑, 돈키호테 말고 여기 가세요!
  M 긴자 위스키 박물관 268
- 돈키호테, 편의점보다 실속 있는
  도쿄의 마트를 소개합니다 270
- 스프레드, 소스의 성지! KALDI에서 뭘 사야 할까 272
- 한국보다 저렴한 일본 MUJI, 실패 없는 꿀템 추천 274
- 만능 셀렉트 숍 돈키호테의 숨은 꿀템 276
- 도쿄역 지하, 그란스타는 선물용 명과의 성지 278
- 감성과 실용성을 담은
  도쿄 사람만 아는 숨은 꿀템들 280
- 계절을 따라 걷는 도쿄 계절별 명소 282

음식별

일본 요리

Point	Shop	Page
부추 소바와 교자	산코엔 교자	202
난반멘, 야키니쿠 정식	난반테이	52
가성비 최고 돈카츠	이치카츠	133
가성비 우나기동	우나기노 나루세	96
정갈한 일본 가정식	유게	97
창작 가이세키 코스	고마메	42
새벽에도 맛있는 소바	소바 이자카야 소바고야	112
유람선 디너 코스	야카타부네 츠리신	120
쫀득한 수타 우동	네즈 우동 카마치쿠	138
가정식 맛집, 커뮤니티형 식당	네즈쿠리야	144
셰프 추천 계절 가이세키	와쇼쿠비요리 오사케토	228
모츠나베 전문점	모츠에몬	66
소바와 술	소바 키요세 무사시야	80
전통 장어구이	키리	146
미쉐린 덴푸라	덴푸라 요코다	108
규수 구마모토 요리	펜톨라C	110

이자카야

Point	Shop	Page
제철 안주와 니혼슈	기타폰슈	62
모츠나베와 규슈 사케	겐지	250
해산물 이자카야	우부	79
다 맛있는 인기 이자카야	고바야시	82
가게 추천 술 한잔	다나카 하나레	84
캐주얼 이자카야	니코로쿠	98
볏짚구이와 신선한 굴 요리	가츠오	154
가장 대중적인 이자카야	네오반자이	160
1,000엔으로도 취하는 가성비	센베로 니쿠마레야 하나레	172
전 좌석 개별실 이자카야	하레루야	180
다양한 니혼슈	미스터 해피	206
일본 각지의 된장 요리	미소테츠 카기로이	208

Contents

수제 맥주, 훈연 요리 바	하마마츠초 키친	242
하카이산 프리미엄 사케	에치고 사카보 하카이산	244

육류

Point	Shop	Page
정갈한 샤브샤브	효우키	70
사가규 스테이크	갓포R	74
베이직한 야키토리	센쿠시야	48
A5랭크 사가규 야키니쿠	스미비야키니쿠 가부토	106
호르몬 숯불구이	호르몬야키 하세가와	121
100년 전통 샤브샤브 노포	스이샤	148
츠쿠네 맛집 야키토리	겐다야	158
샤브샤브 한 상 차림	닌교초 다니자키	193
숙성 우설, 호르몬 야키니쿠	다테노쿠라	196
말고기 사시미	바카우마	210
숙성 와규 전문 야키니쿠	와테라스	212
단골 많은 야키토리	후쿠노토리 소토보리도리	252
닭 요리 전문 이자카야	토리오	176
짚불구이와 술 한잔	와라야키야 료마노토	240
오사카식 꼬치 요리	기타신치 토리야	249

해산물

Point	Shop	Page
완벽한 고품격 스시	스시 우미지	104
전복요리 전문점	아와비노 겐타	68
교토식 복어요리	히시누마	114
산지 직송 복어 요리	토라후구 테이	152
스시와 생굴 맛집	스시 에비스	164
숯불 생선구이	긴메노도구로야	174

카레

Point	Shop	Page
비건 수프카레	바쿠마츠 커리	88
글루텐 프리 약선 카레	약선 카레 신카이	109
카레 마니아 성지	본디 카레	200

아시안

Point	Shop	Page
훠궈와 마파두부	말라에키	178
중국식 주점	네오 차이니스 바 수이켄	100
완탕면과 딤섬	만요켄	194
고급스러운 홍콩 요리	유메이덴	236

양식

Point	Shop	Page
파에야와 와인 한잔	테라테라 아카바네	168
데이트로 딱인 이탈리안	아마네	64
미쉐린 프렌치	오데코	72
테라스에서 맥주와 파스타	리골레토	39
SNS 인기 용암 파스타	어태치먼트	40
단골 팬 많은 정통 이탈리안	트라토리아 일 포르넬로	56
캐주얼 프렌치	메종 드 무라	58
독창적인 퓨전 요리	퀸디	78
캐주얼한 와인 비스트로	비스트로 2538	156
트러플 달걀빵과 화덕 피자	레체 아카바네	170
30년 전통의 이탈리안 다이닝	일 마레 블루	192
스페어리브 맛집	쿠오레 도로	204
프렌치 오븐 비스트로	플람므 플람므	222
생햄 맛집 이탈리안 바	라 프로슈테리아	224
프랑스 가정식	비스트로 플랜 쿨	226
희귀한 와인 가득, 파에야 맛집	엘 치링기토	256
도쿄 수제 버거 선구자	브라더즈	186

수제 버거와 셰이크	셰이크 트리	124
두툼한 수제 버거	매클린 올드패션드 다이너	132
생면 파스타, 조용한 와인 바	토로포	258
나폴리 스타일 화덕 피자	PST 히가시 아자부	238
테라스에서 피자 한 조각	피제리아 트라토리아 니타나	254

카페/바/베이커리/디저트

Point	Shop	Page
스타벅스 창업 멤버의 카페	에릭 로즈 카페 도쿄	45
아지트 같은 식사 가능 카페	나카나카노	50
이국적인 빈티지 무드	머그스	53
다락방 분위기	애틱룸 나카노	54
정원 있는 고즈넉한 옛 주택	나도야노 캇테	86
DJ 공연 뮤직 라운지	인크레더블 커피	92
지브리 감성 킷사텐	돈구리샤	94
LP 음악 선곡	칠아웃 커피 & 레코즈	122
개인 맞춤 스페셜티 커피	플러스앵글 커피 웍스	126
개방감 넘치는 통창 카페	바크 베이크 & 로스트	130
타마고산도 맛집 킷사텐	가야바 커피	136
독립 서점 겸 카페	루트 북스	140
혼자 가기 좋은 곳	229	142
호주 감성 카페	바이론베이 커피	188
맛있는 빵과 기분 좋은 채광	파크렛 베이커리	190
수변 테라스	카날 카페	216
치앙마이 커피 로스터리	아카 아마 커피	218
서점 속 조용한 카페	위켄더스 커피 올라이트	220
한국인 오너, 조용한 카페	__이즈 라이프	234
에어로프레스 세계 챔피언	패시지 커피	248
버터 크레페	브라세리 비롱	36
팬케이크	버터 밀크 채널	44
다트 바	다트 업	162
아지트 같은 힙한 바	오핀	128
핸드드립 커피와 와인	자호 커피 로스터 & 와인 바	232
빵 무제한 메뉴	브레드 앤 비스트로 플랫	95
비엔나 커피 맛집 킷사텐	차테이 하토우	38

도쿄의 인기 맛집은 예약이 필수!

요즘 도쿄의 인기 맛집은 예약 없이 찾아가면 발길을 돌려야 하거나, 줄을 서야 하는 경우가 흔합니다. 맛집 예약하는 방법을 간단히 알려드릴게요.

구글맵 예약하기

1. 책에 수록된 가게 페이지의 QR코드를 스마트폰으로 스캔해 구글맵으로 접속합니다.
2. 가게 정보 화면에서 '예약하기' 버튼을 확인합니다. 버튼이 없는 경우에는 구글맵으로 예약할 수 없습니다.
3. 버튼을 눌러 해당 가게와 제휴한 예약 플랫폼으로 이동해 예약을 완료합니다.
   ※ 대표적으로 타베로그, 핫페퍼, 구루나비, 테이블체크 등이 연결됩니다.

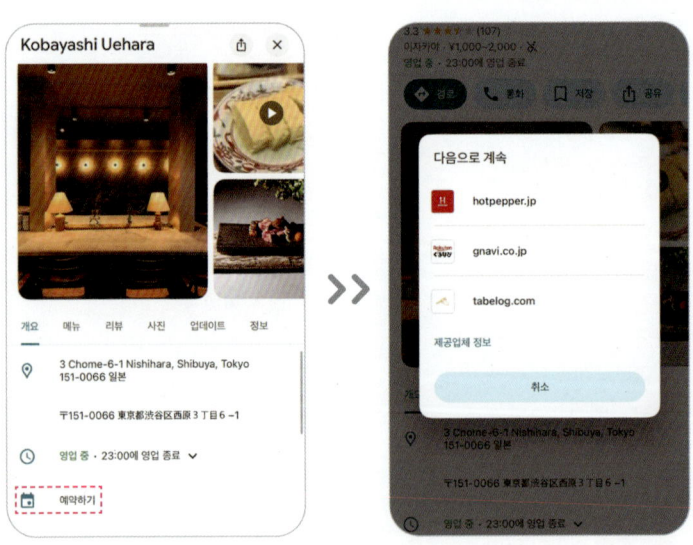

1. 타베로그(Tabelog) 예약하기

- 일본에서 가장 많이 이용되는 맛집 리뷰 사이트로, 현지인의 평가를 참고하기 좋습니다.
- 별점이 3.5 안팎이면 일정 수준 이상의 만족도를 기대할 수 있다는 인식이 있습니다.

▶▶ **예약 방법**
1. 구글맵의 '예약하기' 버튼을 누른 뒤, '타베로그'를 선택해 접속합니다.
2. 날짜, 시간, 인원수를 입력합니다.
3. 메뉴, 좌석 타입 등을 지정 후 예약자 정보를 입력합니다.
4. 메일 인증 절차를 완료 후, 필요 시 결제 정보를 입력합니다.
5. 예약 완료 후 예약 확정 메일을 받으면 예약이 완료됩니다.

2. 테이블체크(TableCheck) 예약하기

- 한국어 지원이 잘 되어 있으며, 한국 휴대폰 번호로도 예약할 수 있습니다.
- 인기 식당이 다수 등록되어 있으나, 전체 등록 가게 수는 다른 플랫폼보다 적은 편입니다.

▶▶ **예약 방법**
1. 구글맵의 '예약하기' 버튼을 누른 뒤, '테이블체크'를 선택해 접속합니다.
2. 날짜, 시간, 인원수를 입력합니다. 가게에 따라 메뉴 옵션을 선택합니다.
3. 예약자 정보를 입력한 뒤, 필요 시 결제 정보를 입력합니다.
4. 예약 확정 버튼을 누른 뒤, 예약 확인 메일을 받으면 예약이 완료됩니다.

3. 구루나비(Gurunavi) 예약하기

- 다국어 웹사이트를 제공해 해외 이용자도 쉽게 접근할 수 있습니다.

▶▶ **예약 방법**
1. 구글맵의 '예약하기' 버튼을 누른 뒤, '구루나비'를 선택해 접속합니다.
2. 날짜, 시간, 인원수를 입력합니다.
3. 메뉴, 좌석 타입 등을 지정 후 예약자 정보를 입력합니다.
4. 회원 로그인 후, 예약 내용을 확인한 뒤 예약 확정 버튼을 누릅니다.
5. '즉시 예약'은 바로 예약이 확정되며, '리퀘스트 예약'은 가게 확인 후 확정됩니다.

4. 핫페퍼(Hot Pepper Gourmet) 예약하기

- 일본 전역에서 많이 활용되는 외식 예약 플랫폼으로, 포인트 적립이나 쿠폰 혜택도 있습니다.

▶▶ **예약 방법**
1. 구글맵의 '예약하기' 버튼을 누른 뒤, '핫페퍼'를 선택해 접속합니다.
2. 날짜, 시간, 인원수를 입력합니다.
3. 메뉴, 좌석 타입 등을 지정 후 회원 로그인 합니다.
4. 예약자 정보를 입력한 뒤, '즉시 예약'은 예약 확정 버튼을 눌러 예약을 완료합니다.
5. '리퀘스트 예약'은 예약 신청 후 예약 확정 메일을 받으면 예약이 완료됩니다.

도쿄에 가면 이것만은 꼭 먹자!

도쿄는 일본 전역은 물론, 세계 각국의 맛있는 음식들이 한데 모인 미식의 도시입니다. 도쿄에서 못 먹고 가면 안 될, 놓치지 않고 꼭 먹어야 할 음식들을 간단히 소개해볼게요!

야키니쿠
焼肉

숙성한 소고기를 셰프가 직접 구워주는 고급 야키니쿠부터, 직접 구워 먹는 숯불향 가득한 로컬 노포까지. 도쿄의 밤은 고기 굽는 소리와 함께 시작됩니다.

오므라이스
オムライス

일본의 달걀 사랑은 어느 나라에도 뒤지지 않습니다. 말아 올린 달걀 위에 진한 소스를 얹은 오므라이스는 동네마다 개성 있는 맛집이 많아, '일본식 양식'을 대표하는 메뉴로 꼽힙니다.

스시
寿司

기념일에는 미쉐린 오마카세, 평소에는 서서 먹는 스탠딩 스시. 도쿄에서는 마트에서 판매하는 도시락 형태의 스시도 평균 이상이어서, 가볍게 체험해보셔도 좋습니다.

우동
うどん

쫄깃한 면발과 진한 국물에 원하는 토핑을 얹어 먹으면 그곳이 바로 천국입니다. 단순하지만 깊은 맛으로 직장인들의 속을 책임지는 로컬 소울푸드입니다.

샤브샤브
しゃぶしゃぶ

얇게 저민 고기를 국물에 살짝 데쳐 먹는 일본식 전골입니다. 전통적인 스타일부터 1인용 샤브샤브가 가능한 캐주얼한 가게까지 다양한 방식으로 즐길 수 있습니다.

이탈리안
イタリアン

제철 식재료로 만든 파스타, 장인이 반죽한 나폴리식 피자, 합리적인 가격의 코스까지. 도쿄는 이탈리안 레스토랑의 수준과 요리 퀄리티가 유독 높기로 유명합니다.

프렌치
フレンチ

도쿄에는 골목에 숨어 있는 프렌치 비스트로(프랑스식 캐주얼 레스토랑)가 많아요. 정통과 실험 사이를 넘나드는 창작 코스 요리, 와인을 곁들인 격식 있는 다이닝까지. 일본에서 만나는 프랑스 요리는 어떤 맛일지 궁금하지 않으신가요?

야키토리
焼き鳥

닭 한 마리를 부위별로 즐길 수 있는 일본식 숯불 닭꼬치. 단순한 술안주를 넘어 장인의 기술이 담긴 야키토리를 오마카세로 즐기는 '꼬치 오마카세'도 최근 인기입니다. 작은 이자카야부터 미쉐린 맛집까지, 도쿄에서 꼭 맛봐야 할 메뉴입니다.

가이세키
懐石

제철 재료와 계절의 미감을 담아낸 일본 전통 코스 요리입니다. 한 그릇마다 흐름과 균형을 중시하는 섬세한 구성으로 눈과 입, 마음까지 차분하게 채워줍니다. 교토에서 시작된 문화지만, 도쿄에서는 이를 현대적으로 재해석한 레스토랑이 많아 전통과 모던함을 동시에 느낄 수 있으니 꼭 도전해보세요.

스키야키
すき焼き

달콤한 간장 베이스 육수에 얇게 썬 소고기, 채소, 두부, 곤약 등을 넣어 졸이며 즐기는 일본식 전골입니다. 고기를 날달걀에 살짝 찍어 먹습니다. 부드러운 고기와 감칠맛 나는 육수가 절묘하게 어우러집니다. 도쿄에서는 가족이나 친구들과 둘러앉아 즐기는 따뜻하고 정겨운 요리로 여겨집니다.

우나기동
うなぎ丼

숯불에 구운 장어를 달콤짭쌀한 소스에 찍어 밥 위에 얹은 장어 덮밥입니다. 특히 여름철 보양식으로 유명하며, 바삭하면서도 부드러운 식감이 매력입니다. 도쿄에는 100년 넘게 전통을 이어오는 장어 전문점이 많으니, 도쿄 현지에서 꼭 맛보시길 추천해요.

도쿄 맛집 메뉴판 해독

일본 가게의 메뉴판 속 낯선 단어 때문에 잠시 멈칫할 때가 있습니다. 특히 야키니쿠나 야키토리 가게의 메뉴판에는 고기 부위명이 빼곡히 적혀 있는데, 번역 앱으로 찍어봐도 제대로 나오지 않는 경우가 많습니다.
그래서 일본에서 자주 마주치게 되는 메뉴 용어들을 한눈에 볼 수 있도록 정리했습니다.
미리 가볍게 훑어보고, 도쿄 맛집의 다양한 메뉴를 마음껏 즐겨보세요.

 ## 야키니쿠편

カルビ (카루비)	갈비	마블링이 풍부해 부드럽고 고소해요. 누구나 좋아할 만한 실패 없는 맛입니다.
ハラミ (하라미)	안창살	육즙이 가득하고 담백하면서도 깊은 풍미가 있어 꾸준히 사랑받는 부위예요.
ロース (로스)	등심	기름기가 적당히 있어 부드럽고 담백한 정석 같은 부위입니다.
タン (탄)	우설	쫄깃하고 고소한 식감이 매력적이에요. 파를 올린 뒤 레몬즙을 살짝 뿌려 먹는 게 일반적입니다.
ミノ (미노)	벌집양	오독오독 씹히는 재미가 있는 내장 부위로, 별미를 좋아한다면 꼭 도전해볼 만해요.
シマチョウ (시마초)	대창	진한 기름맛이 매력적이라 술안주로 인기 있는 내장 부위예요.
リブシン (리부신)	갈비심	등심과 갈비 사이에 붙은 살로, 부드럽고 풍미가 살아 있습니다.
ソトバラ (소토바라)	양지살	고소하고 기름기가 많은 부위라 구웠을 때 육즙이 특히 풍부해요.

トウガラシ (토우가라시)	어깨살 안쪽	결이 곱고 쫄깃해요. 흔치 않은 부위라 메뉴판에서 보이면 한번 주문해볼 만합니다.
ササミ (사사미)	안심	기름기가 거의 없고 연해서 닭고기처럼 부드럽습니다. 가볍게 즐기기에 좋아요.

야키토리편

대부분의 메뉴는 '시오'와 '타래' 중 하나를 택해 주문해요!

塩 (시오)	소금	소금구이를 뜻해요. 담백하게 즐기고 싶을 때 딱이에요.
タレ (타래)	양념	달콤짭짤한 소스로 구운 양념구이예요. 은근 중독성이 있어요.
もも (모모)	닭다리살	기름기가 적당하고 부드러워 누구나 좋아하는 기본 부위예요.
ねぎま (네기마)	닭다리살 + 파	닭고기 사이에 파를 끼운 가장 클래식한 꼬치랍니다.
かわ (카와)	닭껍질	겉은 바삭하고 속은 쫀득합니다. 고소한 맛이 매력적이에요.
ぼんじり (본지리)	닭꼬리살	기름기 많고 탱글탱글한 식감이에요. 고소함이 특히 좋아요.
せせり (세세리)	닭 목살	쫄깃하고 감칠맛이 강해요. 야키토리 마니아들이 꼭 찾는 부위랍니다.
レバー (레바)	간	부드럽고 진한 풍미가 특징이에요. 간을 좋아하신다면 야키토리로도 꼭 드셔보세요.
はつ (하츠)	심장	쫄깃하면서 담백한 맛이 있어요. 부담 없이 즐기기 좋아요.
なんこつ (난코츠)	연골	오도독 씹히는 식감이 매력적인 안주예요.
ささみ (사사미)	안심	기름기가 적고 담백해요. 와사비랑 같이 먹으면 정말 잘 어울려요.

메뉴판 해독

스시편

> 맛있게 먹으려면 필수로 알아야 할 '스시' 용어.

中トロ (츄우토로)	참치 중뱃살	지방이 적당하며 살코기와 어우러져 균형 잡힌 맛이에요.
大トロ (오오토로)	참치 대뱃살	지방이 풍부해서 입에서 사르르 녹는 고급 부위예요.
赤身 (아카미)	참치 살코기	담백하고 깔끔한 기본 참치 부위예요.
サーモン (사-몬)	연어	부드럽고 기름진 맛으로, 누구에게나 인기가 많아요.
えんがわ (엔가와)	넙치 지느러미	꼬들꼬들한 식감과 고소한 풍미가 매력적인 인기 부위예요.
ほたて (호타테)	가리비 관자	탱글탱글하고 달콤해요. 버터 구이로도 추천해요.
いくら (이쿠라)	연어알	간장에 절인 알이 톡톡 터지는 식감이 즐거워요.
たまご (타마고)	달걀말이	달콤하고 부드러운 마무리 메뉴예요. 어린이들에게 특히 인기가 많아요.
はまち (하마치)	방어	기름지고 부드러운 맛에 살짝 단맛까지 감돌아요.
あなご (아나고)	붕장어	부드럽게 익혀 달콤한 소스를 곁들인 장어예요. 소금구이나 양념구이 중 선택할 수 있어요.

일반편

 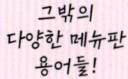

그밖의 다양한 메뉴판 용어들!

お通し (오토오시)	기본 안주	자릿세 개념으로, 가게에 들어가면 자동으로 나오는 작은 전채예요. 인원수에 맞춰 보통 300~500엔 정도 청구돼요.
漬物 (츠케모노)	절임 반찬	일본식 피클류예요. 무, 오이, 가지 등을 소금이나 간장에 절여 만들어요.
ご飯 (고항)	밥	일본 식당은 밥이 자동으로 나오지 않는 경우가 많아, 따로 주문해야 해요.
定食 (테이쇼쿠)	정식	밥, 국, 메인 요리, 반찬이 세트로 나오는 구성이에요.
一品料理 (잇핀료리)	단품 요리	반찬 하나, 안주 하나만 나오는 간단한 요리예요.
焼き物 (야키모노)	구이류	생선, 고기, 꼬치 등 불에 구워낸 요리들을 말해요.
揚げ物 (아게모노)	튀김류	기름에 바삭하게 튀긴 요리예요.
煮物 (니모노)	조림	간장, 미림 등으로 졸여낸 따뜻한 조림 요리예요.
蒸し物 (무시모노)	찜 요리	부드럽고 담백한 찜 요리예요. 대표적으로 차완무시 (달걀찜)가 있어요.
小鉢 (고바치)	작은 반찬	정식이나 이자카야에서 곁들여 나오는 소량의 반찬 접시예요.
デザート (데자토)	디저트	푸딩, 젤리, 아이스크림 등 달콤하게 마무리할 수 있는 메뉴예요.
おまかせ (오마카세)	셰프 추천	메뉴 선택을 셰프에게 맡기는 방식이에요. 그날 가장 맛있는 요리를 만나볼 수 있답니다.

도쿄 맛집 간판 해독

일본의 간판에는 '타이슈 사카바', '센베로', '타치노미' 같은 단어가 자주 붙습니다. 이런 표현은 가게의 전반적인 분위기를 알려주며, 간판만 봐도 대중적인 술집인지 저렴한 가게인지, 혹은 서서 마시는 곳인지 등을 짐작할 수 있습니다. 미리 알아두면 도쿄 여행 시 가게 성격을 쉽게 파악할 수 있어 유용합니다.

居酒屋 (이자카야)	일본식 주점	술과 안주를 함께 즐길 수 있는 일본의 주점을 통틀어 부를 때 쓰는 말이에요.
大衆酒場 (타이슈 사카바)	대중 술집	가격 부담 없이 편하게 한잔 할 수 있는 이자카야예요. 오래된 간판, 시끌벅적한 분위기, 정 많은 주인장이 반겨주는 곳이 많답니다.
炉端焼き (로바타야키)	숯불 화덕구이	손님 앞에서 숯불에 바로 구워주는 스타일의 구이집이에요. 생선, 채소 등 다양한 재료를 맛볼 수 있고, 전통적인 분위기를 좋아하신다면 딱이에요.
燻製専門店 (쿤세이 센몬텐)	훈제 요리 전문점	치즈, 고기, 달걀 등 여러 재료를 훈연해 색다른 풍미를 즐길 수 있는 가게예요. 특유의 향이 깊고 매력적이에요.
立ち飲み (타치노미)	서서 마시는 술집	말 그대로 의자 없이 서서 가볍게 술을 마시는 곳이에요. 회전이 빠르고 가격도 저렴해, 간단히 한잔 하기 좋아요.
センベロ (센베로)	1,000엔 술집	'1,000엔(센엔) + 베로베로(술에 취한 모습)'의 합성어예요. 안주 1개와 술 2잔 정도를 세트로 저렴하게 즐길 수 있는, 가성비 좋은 가게랍니다.

일본의 독특한 식문화

일본에는 처음엔 누가 알려주지 않으면 알기 어려운 독특한 식문화들이 있습니다. 낯설게 느껴지던 것들도 그 의미를 알고 나면 자연스럽게 받아들여지고, 오히려 정겹게 다가옵니다. 이런 작은 문화적 차이를 이해하면 도쿄 여행이 훨씬 더 풍성해지고 즐거워집니다.

오토오시는 서비스가 아니에요
이자카야에 들어가 자리에 앉으면, 음료를 주문하기도 전에 작은 그릇에 담긴 안주가 조용히 놓입니다. 이런 안주를 '오토오시(お通し)'라고 하는데, 사실은 서비스가 아니라 일본 특유의 자릿세 개념이에요. 보통 300~500엔 정도가 계산서에 자동으로 포함되며, 이자카야에서 술을 마시는 손님이라면 거의 의무적으로 받는 구성입니다. 정해진 메뉴가 있는 건 아니라 날마다 달라지고, 또 가게마다 다르기 때문에 오히려 '오늘 이 가게의 맛'을 가장 먼저 느껴볼 수 있는 힌트가 되기도 합니다.

초밥은 젓가락보다 손으로?
오마카세 스시집에 가면 주변 사람들이 젓가락 대신 '손'으로 스시를 집어 먹는 모습을 볼 수 있습니다. 사실 전통적인 스시는 손으로 먹는 것이 더 자연스러운 방식이에요. 밥알이 흐트러지지 않게 살짝 집어 한입에 넣는 게 기본이고, 간장은 생선 위에 살짝만 발라주는 게 예의로 여겨집니다. 젓가락보다 손이 더 자연스러울 때도 있다는 것, 알고 가면 멋스럽겠죠?

단골은 점원에게 술을 사준다?
작은 이자카야에서는 밤이 깊어갈수록 흥미로운 장면이 펼쳐집니다. 단골 손님이 점원에게 "한 잔 하세요!" 하고 권하면, 점원도 잔을 들어 함께 건배를 나누는 모습이에요. 한국에서는 조금 낯설 수 있지만 일본에서는 굉장히 흔한 일이며, 이런 작은 교류가 손님과 가게 사이의 정을 만들어주는 문화로 자리 잡고 있습니다. 여행자라면 구경만 해도 충분하지만, 이런 풍경을 이해하고 있다면 도쿄의 밤을 훨씬 재미있게 즐길 수 있어요.

일본에서의 '건배'
일본에서는 술을 마실 때 "칸빠이(かんぱい)!"라고 외칩니다. 한국의 '건배'와 같은 뜻이에요. 한국에서는 술을 마실 때마다 잔을 부딪히는 경우가 많지만, 일본에서는 보통 처음 한 번만 '칸빠이'를 하고 이후에는 각자 조용히 즐기는 문화입니다. 잔을 여러 번 부딪히는 걸 다소 시끄럽게 여기는 사람도 있으니, 분위기를 존중해 조용한 건배를 해보는 것도 도쿄의 밤을 즐기는 좋은 방법이랍니다.

천천히, 오래 앉아 있어도 괜찮아요

일본의 식당, 특히 이자카야에서는 손님이 자리를 오래 지키는 걸 크게 개의치 않습니다. 술 한 잔과 안주 한 접시로 두세 시간을 보내는 게 자연스러운 문화예요. 음식도 한꺼번에 나오지 않고 천천히 나오기 때문에, 대화하며 식사를 오래 즐깁니다. 특히 2차, 3차로 옮겨 다니는 문화가 적고, 한 자리에서 길게 머무르는 경우가 많아요.

가게마다 계산 방식이 달라요

일본은 가게 종류에 따라 계산 방식이 조금씩 다릅니다. 라멘이나 정식처럼 혼밥 손님이 많은 가게에서는 입구의 식권 키오스크에서 미리 결제하는 경우가 많습니다. 반면 이자카야나 캐주얼 레스토랑에서는 자리에서 계산하거나, 테이블 위에 놓인 계산서를 들고 계산대로 가는 방식이 일반적이에요. 대부분의 가게는 나갈 때 계산하므로 '언제 계산하지?' 하고 고민하지 않아도 됩니다.

메뉴판에 없는 '오늘의 추천'

일본 식당에서는 벽면이나 칠판에 손글씨로 적힌 '오늘의 추천(本日のおすすめ)' 메뉴를 자주 볼 수 있습니다. 제철 재료나 당일에 들어온 신선한 식재료로 만든 특별 메뉴이기 때문에, 정식 메뉴판보다 훨씬 맛있고 가성비 좋은 경우가 많습니다. 직원에게 "오늘 뭐가 맛있어요?"라고 물어보는 것도 좋은 팁이에요.

음식은 각자 먹는 것이 기본이에요

일본에서는 보통 각자 음식을 따로 주문해 각자 먹는 문화가 기본입니다. 한국처럼 여러 명이 하나의 음식을 함께 나누는 경우가 흔치 않아요. 그래서 자연스럽게 젓가락을 뻗거나 "같이 나눠 먹자"고 하면 상대가 조금 당황할 수도 있습니다. 물론 친한 사이이거나 이자카야에서는 안주를 나눠 먹기도 하지만, 레스토랑에서 처음 만나는 자리라면 '각자의 접시는 각자의 것'이라는 감각을 갖고 있으면 더 자연스럽습니다.

상황별 일본어 회화

일본의 독특한 식문화를 알았다면, 이제는 직접 그 순간을 경험할 차례입니다. 오토오시를 받거나 건배를 할 때, 혹은 메뉴판에 없는 오늘의 추천을 물어볼 때도 일본어 한마디면 훨씬 자연스럽게 어울릴 수 있습니다. 다음은 그런 상황별로 바로 활용할 수 있는 일본어 표현들입니다.

상황	한국어	일본어	발음
오토오시 받았을 때	이건 뭐예요?	これは何ですか？	코레와 난데스카?
첫 잔 건배할 때	건배!	かんぱい！	칸빠이!
계산 방법 궁금할 때	계산은 언제 하나요?	お会計はいつですか？	오카이케이와 이츠데스카?
오늘의 추천 메뉴 물어보기	오늘 추천은 뭐예요?	本日のおすすめは何ですか？	혼지쯔노 오스스메와 난데스카?
나눠 먹기 전 양해 구할 때	나눠 먹어도 괜찮을까요?	分けても大丈夫ですか？	와케테모 다이죠부데스카?

알고 가면 좋은 기본 회화

한국어	일본어	발음
메뉴판 주세요	メニューください	메뉴- 쿠다사이
이거 하나 주세요	これを一つください	코레오 히토츠 쿠다사이
추천 메뉴 있나요?	おすすめはありますか？	오스스메와 아리마스카?
생맥주 한 잔 주세요	生ビールください	나마비-루 쿠다사이
물 주세요	お水をください	오미즈오 쿠다사이
이것은 얼마인가요?	これはいくらですか？	코레와 이쿠라데스카?
계산서 주세요	お会計お願いします	오카이케이 오네가이시마스
카드 되나요?	カード使えますか？	카-도 츠카에마스카?

**책 속 맛집 구글맵 리스트
전체 다운로드**

PART 1.

트렌디한 감성과 세련된 감각이
공존하는 곳

도쿄 서부

Flair - Taste the trend.

01 오쿠시부야・오모테산도
02 히가시나카노・나카노
03 히로오・니시아자부
04 요요기우에하라・시모키타자와
05 아사가야・코엔지・오기쿠보
06 아자부주반・히가시아자부

01

오쿠시부야 × 오모테산도

관광지의 번잡함에서 벗어난 진짜 로컬들의 뒷골목

시부야에서 불과 몇 걸음. 하지만 공기부터 다릅니다. 오쿠시부야와 오모테산도는 '도쿄를 아는 사람들'이 천천히 향하는 곳입니다. 소란스러운 중심가에서 한 발짝만 물러나면, 이 도시는 전혀 다른 표정을 보여줍니다.

오쿠시부야, 줄여서 '오쿠시부'. 직역하자면 '시부야 깊숙한 곳'이라는 뜻입니다. 트렌디한 카페, 소규모 편집 숍, 그리고 작지만 감각적인 음식점들이 골목마다 숨어 있습니다. 간판도 작고, 간판조차 없는 가게도 많지만, 그래서 더 특별하게 느껴집니다. 직접 볶은 원두로 정성껏 내린 커피, 신선한 식재료로 만들어진 채식 요리, LP 음악이 흐르는 북카페. 이 골목은 단순히 유행을 좇는 것이 아니라, 이 거리만의 감각을 꾸준히 채워갑니다.

오모테산도는 럭셔리 브랜드가 즐비한 거리지만, 뒷골목으로 들어가면 분위기가 달라집니다. 개성 있는 패션 숍, 감도 높은 플라워 숍, 숨은 비건 베이커리…. 겉은 번쩍이지만, 속은 고요하고 깊습니다. '아는 사람만 아는 곳'이라는 말이 이보다 더 잘 어울리는 곳이 있을까 싶습니다. 이곳을 찾는 이들은 빠르게 지나가지 않습니다. 천천히 걷고, 조용히 바라보고, 가볍게 음미합니다. 브랜드보다 스토리를, 속도보다 여백을 중시하는 사람들. 그래서 이 동네는 언제나 고요하지만 살아 있고, 잔잔하지만 세련된 분위기입니다. 관광지의 소란스러움에 지칠 때, 오쿠시부야와 오모테산도는 마치 작은 안식처처럼 존재하는 곳입니다. 눈에 띄지 않아도 멋진, 도쿄의 진짜 멋이 머무는 골목이에요.

Brasserie VIRON Shibuya

구글맵

프렌티 버터와 밀가루로 구운 크레페

에쉬레 버터, 설탕의 맛
시부야에서 제일 잘 팔리는 크레페 가게

브라세리 비롱

시부야에서 진짜 프랑스식 크레페를 맛볼 수 있는 곳입니다. 붉은 외관부터 눈에 띄는 이 가게에서 파리의 감성을 그대로 느낄 수 있어요. 에쉬레 버터의 향이 입안 가득 퍼지고, 설탕의 달콤한 맛이 조화를 이룹니다. 생크림 없는 심플하면서도 풍부한 맛의 프랑스식 크레페예요. 여기에 누텔라, 마롱 스프레드를 곁들인 크레페 메뉴도 다양하게 마련되어 있습니다. 대표 메뉴는 크레페지만 크루아상, 퀸아망, 팽 오 쇼콜라 등의 베이커리 메뉴도 인기가 많아요. 브런치 세트 메뉴도 판매하고 있어 식사를 하러 들르기에도 좋습니다. 크레페는 가게 내부가 아닌 바깥 카운터에서만 판매하고, 테이크아웃만 가능합니다. 안에서 먹고 갈 수 없다는 것이 단점이지만, 단점을 상쇄하는 맛이니 시부야 근처에 들른다면 꼭 크레페 하나 사들고 가세요.

INFO
- 09:00~17:00, 18:00~21:00
- 없음
- 33-8 Tsukada Building, Udagawacho, Shibuya-ku, Tokyo 150-0042
- 에쉬레 버터와 설탕이 들어간 '슈크루 부르(Sucre beurre)'

> 블루보틀 창업자가 영감을 얻었다는
> 시부야의 유명 킷사텐

차테이 하토우

茶亭 羽當 渋谷

시부야 메인 거리에서 한 걸음 들어간 골목에 숨어 있는 곳으로, 1989년 문을 연 '킷사텐(일본식 레트로 다방)' 스타일의 카페입니다. 잔잔한 클래식 음악과 커피 내리는 소리가 어우러져 마음이 편안해지는 공간이에요. 핸드드립 방식으로 한 잔씩 정성껏 추출해 내는 '하토우 오리지널 블렌드'는 블루보틀 창업자마저 커피맛에 반했다는 찬사를 보낸 바 있어요. 눈앞에 펼쳐진 수백 개의 앤티크 커피잔 중 하나가 내 손에 놓이면, 그 잔과 커피가 어떻게 어우러질지 기대감이 증폭됩니다. 커피와 꼭 함께 맛보아야 할 건, 입안에서 살살 녹는 쉬폰 케이크입니다. 커피 한 모금과 함께하면 세상 부드러운 만족감을 느낄 수 있어요. 현금 결제만 가능하니 넉넉히 현금을 준비하는 것, 잊지 마세요!

우유처럼 부드러운 수제 크림

INFO
- 11:00~23:00
- 없음
- 1-15-19 Shibuya, Shibuya-ku, Tokyo 150-0002
- 비엔나 커피, 쉬폰 케이크

구글맵

시부야에서 보기 드문 테라스석이 있는 가게입니다. 내부에는 라운지 느낌이 나는 세련된 식사 공간이 마련되어 있습니다. 이곳은 이탈리아 요리와, 스페인 요리를 전문으로 파스타, 고기 요리, 와인을 선보이는 레스토랑입니다. 하지만 무엇보다 이곳의 진수를 느끼고 싶다면 날씨 좋은 날, 테라스의 소파 자리에 앉아 맥주를 한 잔 마셔보세요! 마치 도심 속 작은 여행을 떠나온 듯, 따뜻한 햇살, 부드러운 바람, 그리고 시원한 맥주와 함께 여유를 즐길 수 있어요. 식사하기에도 좋고, 가볍게 술 한잔 하면서 안주를 먹기에도 좋아요. 소믈리에가 직접 엄선한 와인 20여 종 이상을 갖추고 있어, 와인을 마시기에도 좋은 곳이에요. 여름이 오면 생각나는 여유로운 공간입니다.

구글맵

테라스에서 즐기는 시원한 맥주.

INFO
- 월~목 11:30~23:00, 금·토·공휴일 전날 11:30~24:00, 일·공휴일 11:00~22:00
- 없음
- 1F, 1-23-21 Shibuya, Shibuya-ku, Tokyo 150-0002
- 생햄 플레이트, 파스타

날씨 좋은 날 테라스에서
파스타와 맥주를 즐기는 여유

리골레토

THE RIGOLETTO

도쿄에서 요즘 인기!
시부야의 명물로 떠오르는 용암 파스타

어태치먼트

SNS에서도 화제인 용암 파스타.

The Attachment

INFO
- 월~토·공휴일 전날 11:30~23:00, 일·공휴일 11:00~23:00
- 없음
- 6F GEMS Shibuya, 3-27-11 Shibuya, Shibuya-ku, Tokyo 150-0002
- 용암 파스타에 스테이크 토핑

구글맵

이곳은 2024년 연말에 오픈해, 최근 SNS에서도 크게 주목받고 있는 이탈리안 레스토랑입니다. 용암처럼 끓는 비주얼의 '용암 파스타'가 인기를 끌고 있어요. 비주얼도 비주얼이지만, 치즈와 미트 소스가 듬뿍 들어가서 든든하게 먹을 수 있습니다. 가게 내부도 넓고 무엇보다 시부야역에서 2분 거리라, 위치가 너무 좋아 시부야에서 어디를 가야 할지 망설여질 때 가장 먼저 생각나는 가게입니다.

정성 가득한 창작 가이세키 코스를
경험해보고 싶다면

고마메

Japanese Restaurant Gomame

2일 전 17시까지
예약 필수!

INFO

🕐 월·토·일·공휴일: 11:30~16:00, 17:00~23:00, 화~금: 11:30~16:00, 17:00~23:30(L.O. 22:30)

✉ 없음

📍 B1F Meisa Nanpeidai, 30-18 Sakuragaoka-cho, Shibuya-ku, Tokyo 150-0031

👍 제철 생선구이 런치 정식

구글맵

아늑한 목조 인테리어의 가게입니다. 런치에는 생선구이나 생강 돼지고기구이 정식처럼 일본 사람들이 가정에서 흔히 먹는 메뉴로 이루어져 있고, 저녁에는 제철 재료로 구성한 다채로운 가이세키 코스가 준비되어 있습니다. 이곳은 화려하지는 않지만 따뜻함을 느낄 수 있는 곳이에요. 번잡한 시부야에서 한 골목 들어간 곳에 위치한, 따스한 인간미를 느낄 수 있는 그런 공간입니다.

BUTTER MILK CHANNEL

팬케이크와 버터밀크 비스킷
맛이 없을 수가 없는 브런치

버터밀크 채널

미국 브런치 전문점입니다. 뉴욕 브루클린 본점을 모티브로 한 공간에서, 프렌치 기법을 더한 버터밀크 프라이드치킨, 홈메이드 리코타치즈 와플, 팬케이크 등 미국 감성이 가득한 메뉴를 다양하게 즐길 수 있습니다. 일식 이외에 색다른 음식을 맛보고 싶다면 이곳을 추천합니다. 점심, 카페 타임, 디너를 모두 운영해 언제 방문해도 식사가 가능합니다. 일반적으로 오후 3~6시 사이에는 브레이크 타임으로 쉬는 가게가 많지만, 이곳은 매일 브레이크 타임 없이 영업하므로 걱정 없이 찾을 수 있습니다.

미국식 팬케이크 브런치.

INFO
- 11:00~22:30
- 없음
- 1-11-11 Jingumae, Shibuya-ku, Tokyo 150-0001
- 팬케이크

구글맵

오모테산도역에서 도보 5분 거리에 있는 이곳은, 푸릇푸릇한 테라스가 먼저 눈길을 사로잡는 카페로 스타벅스 창업 멤버 출신 에릭 로즈의 도쿄 1호점입니다. 내부는 넓은 창으로 자연광이 가득 들어오며, 편안한 목재 의자와 소파가 조화롭게 배치되어 있어 혼자 책을 읽거나 노트북으로 작업하기에도 좋습니다. 원두는 직접 로스팅하며, 로스팅 후 2주 이내의 신선한 원두로 만든 커피를 맛볼 수 있습니다. 외부 좌석은 반려동물 동반도 가능합니다. 주말에는 1시간 30분으로 이용 시간 제한이 있지만, 그럼에도 오모테산도에서 카페를 찾는다면 가장 먼저 추천하고 싶은 곳입니다.

스타벅스 창업 멤버인 에릭 로즈의 카페.

INFO
- 09:00~19:00
- 없음
- 1F, 3-4-3 Kita-Aoyama, Minato-ku, Tokyo 107-0061
- 메이플넛 라떼

구글맵

감성 넘치는 카페
스타벅스 창업 멤버가 만든

에릭 로즈 카페 도쿄

Eric Rose Cafe Tokyo

02

히가시나카노 × 나카노

만화, 피규어, 빈티지 숍이 밀집한 서브컬처 마니아들의 성지

도쿄 안에서도 진짜 덕후들의 발길이 끊이지 않는 동네가 있습니다. 바로 히가시나카노와 나카노. 겉보기엔 평범한 동네 같지만, 골목 하나만 들어서면 만화, 피규어, 빈티지, 그리고 아날로그 감성까지. 무심코 지나치면 놓칠 보물 같은 공간들이 숨어 있습니다.

나카노 브로드웨이는 말할 것도 없습니다. 오랜 시간 덕후 문화의 심장처럼 존재해온 이 건물 안엔, 세상에 단 하나뿐인 피규어, 구하기 힘든 레트로 게임, 절판된 애니메이션의 굿즈들이 빼곡히 들어차 있습니다. 여전히 수작업으로 피규어를 조립하는 소규모 공방, 오래된 만화책이 가득한 책방, 그리고 그 시절 감성을 그대로 간직한 레트로 자판기. 이곳은 단순한 쇼핑 공간이 아니라, 취향의 시간 여행입니다.

히가시나카노는 조금 더 조용하고, 마니아들의 서브컬처를 잇는 아지트 같은 공간들이 곳곳에 숨어 있습니다. 카세트테이프가 여전히 살아 있는 빈티지 숍, 인디 음악이 흐르는 작은 카페, 아날로그 감성의 소극장. 빠르게 변하는 도쿄에서, 이곳만은 고집스러운 '덕후들의 시간'이 천천히 흐르고 있습니다.

나카노와 히가시나카노는 유행을 좇지 않습니다. 대신 그들만의 세계를 깊고 단단하게 쌓아올립니다. 그래서일까요, 처음엔 낯설어도 자꾸 생각나는 동네. 오늘도 누군가는 이 골목 어딘가에서 오래된 취향을 만납니다.

Senkushiya

선로 옆, 로컬 느낌 가득!
베이직한 야키토리 가게

센쿠시야
千串屋

무제한 음료 코스인
'노미호다이'도
이용해보세요.

히가시나카노역 바로 옆, 기차가 지나가는 선로 앞에 이 가게가 있습니다. 들어서면 깔끔한 카운터부터 테이블·테라스까지 자리 배치가 잘 되어 있어, 혼자서도, 둘이서도, 여럿이서도 어색함 없이 들어갈 수 있는 편안한 공간입니다. 메뉴는 기본적인 야키토리 중심이에요. 특히 추천하고 싶은 메뉴는 '네기마' 입니다. 파와 닭고기를 번갈아 꼬치에 꽂은 요리인데 숯불 향과의 조화로운 그 맛은 한 꼬치를 더 주문하게 만듭니다. 무제한 음료 코스인 '노미호다이'도 있으니 꼭 이용해보세요.

INFO
- 월~금 16:00~24:00, 토~일 15:00~24:00
- 없음
- 1-56-8 Higashinakano, Nakano-ku, Tokyo 164-0003
- 네기마 꼬치, 닭날개 꼬치

구글맵

Nakanakano

나카나카노 なかなかの

멀리서도 일부러 찾아오는 숨겨진 작은 카페

커피와 함께 푸딩, 토스트, 그릴드핫샌드, 타코라이스 같은 디저트와 간단한 식사를 함께 즐길 수 있는 가게입니다. 나카노는 신주쿠에서 가까우면서도 월세가 그다지 비싸지 않아 주택이 밀집해 있는 곳이에요. 주택가 사이 골목골목 숨겨진 가게들을 찾는 것도 또 하나의 재미입니다. 낮 시간대에는 햇살이 들어오는 카페, 밤 시간대에는 바가 되는 다채로운 얼굴을 가진 공간입니다. 편안하고 조용한 나만의 아지트 같은 공간입니다.

INFO
- 월·화·목·금 14:00~23:00, 토·일 10:00~23:00
- 수
- 2 Chome-6-14 Higashinakano, Nakano-ku, Tokyo 164-0003
- 바나나 토스트

Nanbantei

속을 풀어주는 매운 난반멘과
야키니쿠 정식

난반테이

가라아게 정식도 추천!

타카다노바바역 인근, 낮과 밤이 다른 얼굴을 가진 이곳은 해장이 필요한 순간에 언제나 떠오르는 공간입니다. '난반멘'은 닭고기와 파를 넣은 간장 베이스의 중화풍 라멘입니다. 이곳의 라멘 국물은 진하면서도 깔끔하고, 면은 적당히 쫄깃해요. 특히 맵기 정도를 보통, 중간 매운맛, 아주 매운맛으로 지정할 수 있는 '매운 난반멘' 같은 메뉴는 한 번 맛보면 주기적으로 계속 생각날 정도로 중독적인 맛입니다. '야키니쿠 정식'도 인기 메뉴입니다. 이름은 야키니쿠이지만 간장 양념의 돼지불고기 정식이어서 한국인 입맛에도 딱입니다. 저녁 시간엔 깔끔한 맛의 심야 간편식 같은 느낌이라, 대학생부터 직장인까지 다양한 이들이 찾는 로컬 맛집이에요.

INFO
- 월~토 11:00~14:30, 17:30~21:00
- 일
- 4-40-8 Takadanobaba, Shinjuku-ku, Tokyo 169-0075
- 매운 난반멘, 야키니쿠 정식(돼지 불고기)

구글맵

이국적이면서 세련된
빈티지 무드 카페

머그스

빈티지 가구에 둘러싸여 느긋한 시간을 보낼 수 있는 곳. 문을 열고 들어서면 넓고 차분한 공간이 펼쳐지고, 손때 묻은 듯한 소파와 디자인 의자들이 편안하고 여유로운 무드를 전해줘요. 이곳의 숨은 매력은 바로 스팸 오니기리, 그린 카레, 태국식 카레 라멘 등 세계 각지에서 영감을 받은 이국적인 퓨전 요리와 디저트를 맛볼 수 있는 카페라는 점입니다. 태국 북부 치앙마이 지역의 전통 음식인 카레 라멘 '카오소이', 햄버그스테이크에 반숙 달걀프라이를 얹은 하와이풍 '로코모코 덮밥' 등 앉은 자리에서 세계 여행을 즐길 수 있습니다.

Mugs

INFO

- 🕐 화~목·일 12:00~23:00, 금·토 12:00~24:00
- ❌ 월
- 📍 5-48-5 Central, Nakano-ku, Tokyo 164-0011
- 👍 태국식 카레 라멘 카오소이

구글맵

이국적인 나만의
히든 플레이스!

Attic Room Nakano

다락방처럼 아늑한

빈티지 무드의 카페 겸 바

애틱룸 나카노
アティックルーム中野

나카노역 북쪽 출구에서 단 1분, 지하에 있는 이곳은 다락방처럼 아늑하고 따뜻한 분위기의 공간이에요. 전체가 편안한 소파 좌석으로 구성되어 있어, 책을 읽다가 커피를 홀짝이고, 저녁에는 칵테일 한잔을 곁들이며 음악과 이야기에 잠기기 좋습니다. 특히 요즘은 일본에서도 드문 흡연 가능 카페 바이기 때문에, 깔끔하면서도 빈티지한 공간에서 자유롭게 담배를 피우는 여유를 느낄 수 있어요. 낮에는 가볍게 부드러운 커피와 디저트를 즐기고, 해가 지면 조명과 함께 분위기 전환이 되는, 현지인이 즐겨 찾는 카페입니다.

INFO

- 12:00~23:00
- 없음
- 4F, 5-63-1 Nakano, Nakano-ku, Tokyo 164-0001
- 매일 바뀌는 런치 플레이트, 푸딩

구글맵

정통 이탈리아 요리를 먹고 싶다면!
단골 팬들로 붐비는 곳

트라토리아 일 포르넬로

TRATTORIA IL FORNELLO

INFO

 화~일 11:30~14:30, 17:30~23:30

월

1F, 4-7-2 Nakano, Nakano-ku, Tokyo 164-0001

 라자냐

구글맵

'안창살 그릴' 메뉴도 추천!

로마에 온 듯한 따뜻한 분위기의 이탈리아 정통 레스토랑을 나카노에서 만날 수 있습니다. '작은 가스레인지'라는 뜻의 이름처럼, 이곳에서는 셰프의 손길이 담긴 요리들이 오븐과 불 위에서 하나씩 완성되어 나오는 모습이 인상적입니다. 이탈리아에서도 특히 로마 지역의 요리를 중심으로 선보이고 있습니다. 지역 주민들 사이에서도 정통 이탈리아 요리를 먹고 싶을 때 찾는 곳으로 자리 잡아, 단골 팬층이 생길 정도입니다. 따뜻한 조명 아래에서 데이트, 가족 모임, 혹은 혼자 즐기는 와인 한 잔까지, 부담 없이 맛있는 음식을 즐길 수 있습니다. 코스 요리는 예약 시에만 가능합니다.

호불호 없는 맛,
여러 메뉴를 한 접시에 즐기는 프렌치 바

메종 드 무라

メゾンドムラ 中野

이곳은 '모두의 입맛을 만족시키는 프렌치 바'를 지향합니다. 캐주얼하면서도 전문 셰프의 솜씨가 느껴지는 공간으로, 누구나 부담 없이 즐길 수 있습니다. 런치 시간에는 10가지 요리 중에서 골라 담을 수 있는 '커스텀 플레이트'가 인기입니다. 각각 5종, 7종, 10종을 담을 수 있는 메뉴가 마련되어 있습니다. 요리 하나하나가 모두 정성스럽게 조리되어 있고, 일행과 함께 대화하며 식사를 천천히 즐기기에 좋습니다. 특히 일본 맛집 방송에도 소개된 '키슈(Quiche)'는 꼭 드셔보세요. 부드럽고 풍부한 맛으로 식사의 마지막을 훌륭하게 장식합니다. 6~14명까지 이용할 수 있는 개별 룸도 마련되어 있어 가족이나 모임 단위로 방문하기에도 좋습니다.

인기 메뉴 중 하나!
굴·전복·버섯
갈릭버터소스

INFO

- 11:30~15:00, 17:00~23:00
- 없음
- 4F Sanwa Building No.3, 5-65-6 Nakano, Nakano-ku, Tokyo 164-0001
- 런치 커스텀 플레이트, 키슈

구글맵

59

03

히로오 × 니시아자부

📍

외국인들이 많이 찾는
고급 레스토랑과
감각적인 카페가 많은 부촌

히로오는 오래전부터 도쿄에서도 손꼽히는 고급 주거지였습니다. 대사관과 국제학교가 밀집해 있고, 녹지가 많아 유독 외국인이 많이 거주하는 동네입니다. 니시아자부 역시 한적한 분위기 속에서 감각적인 다이닝 공간들이 모여 있는 곳이었습니다. 그런 이곳이 요즘 들어 다시 주목받고 있습니다.

예전의 히로오와 니시아자부가 전통적인 고급 레스토랑과 클래식한 분위기로 채워졌다면, 지금은 다릅니다. 감각적인 미식 공간들이 하나둘 생겨나면서, 이곳을 찾는 사람들의 취향도 변하고 있습니다. 해외에서 경험을 쌓은 젊은 셰프들이 모여들었고, 미쉐린 스타 출신들이 자신만의 개성을 담은 작은 레스토랑을 열었습니다. 프라이빗한 다이닝 공간, 일본식 오마카세와 유럽 스타일이 결합된 실험적인 요리들, 클래식과 현대가 조화된 와인 바. 단순히 '비싼 곳'이 아니라, '의미 있는 경험을 주는 곳'들이 늘어났다는 것이 이 지역이 다시 뜨는 이유입니다.

글로벌 기업과 대사관이 가까운 지리적 특성 덕분에, 이곳을 찾는 사람들은 단순한 거주자가 아닙니다. 도쿄의 미식과 문화를 선도하는 소비층, 디지털 노마드, 크리에이티브 업계 종사자, 글로벌 스타트업 관계자들이 자연스럽게 모이기 시작했습니다. 그들의 취향을 반영한 베이커리, 루프탑 바, 비건 레스토랑 등이 늘어나면서, 히로오와 니시아자부는 그들만의 감각적인 라이프스타일이 스며든 공간이 되어가고 있습니다.

밤이 되면 분위기는 또 달라집니다. 조용한 골목을 따라가면 보이는 작은 와인 바, 재즈가 흐르는 칵테일 라운지. 인플루언서들이 찾고, 미식가들이 입소문을 내는 공간들. 하지만 이곳은 여전히 차분합니다. 시부야처럼 북적이지도, 롯폰기처럼 화려하지도 않습니다. 그 조용함 속에서, 새로운 사람들이 모여들고 있습니다.

제철 안주와 함께
일본의 술을 다양하게 맛보고 싶다면

기타폰슈
きたぽん酒

INFO
- 월~토 18:00~24:00
- 첫째 주 월
- 1F, 1-10-5 Hiroo, Shibuya-ku, Tokyo 150-0012
- 그날의 가장 맛있는 메뉴를 가게 주인이 추천해줍니다.
- 점심에 가면 만원으로, 예약 필수!

'니혼슈'란 사케 중에서도 쌀로만 만든 술을 말해요!

차분하고 정갈한 분위기의 카운터 좌석. 계약된 농가에서만 구입한 재료와 조미료를 사용해, 일식 베이스의 창작 요리를 제공합니다. 일본 요리에 빠질 수 없는 것이 '니혼슈(日本酒)'. 흔히 접할 수 있는 것부터 희귀한 것까지 500병에 달하는 종류를 갖추고 있습니다. 셀 수 없을 정도로 많은 니혼슈를 여러 가지 맛보고 싶다면 이곳이 제격입니다. 정해진 메뉴는 따로 없습니다. 오너가 직접 그날 가장 신선하고 맛있는 재료를 소개하고, 취향에 맞추어 조리법을 선택할 수 있습니다. 언제 가도 가장 맛있는 재료를 가장 맛있게 먹을 수 있지요.

구글맵

Natural wine & casual Italian

실패 없는 이탈리안 레스토랑

데이트나 모임에 딱!

아마네
Amane

도쿄 사람들이 좋아하는 사람과 데이트 때 오고 싶어 하는 가게 1순위입니다. 육수와 베이스의 재료 하나하나에 집착하여 최상의 맛을 만들어낸 이탈리안 볼로네제 파스타가 간판 메뉴입니다. '굴과 시금치 크림 파스타'도 놓치지 마세요. 구글맵 평점도 5점 만점. 맛, 분위기, 가격 어느 하나 빠지지 않는 이탈리안 레스토랑입니다.

굴과 시금치의 크림 소스 파스타

INFO

🙂 화~토 18:00~23:00   📅 월·일

📍 5-1-39 Hiroo, Shibuya-ku, Tokyo 150-0012

🍽 볼로네제 파스타, 굴과 시금치 크림 파스타

💬 와인에 조예가 깊은 스태프들이 상주하고 있어요. 추천 와인을 한번 물어보세요.

구글맵

차가운 바람이 불면 생각나는
고급스러운 맛의 모츠나베 전문점

모츠에몬

隠れ家個室×焼き鳥 もつ衛門 西麻布店

우엉과 부추가 듬뿍!

INFO | 니시아자부점
- 화~금 17:00~23:00, 토·일·공휴일 16:30~23:00
- 월
- 2F, 3-24-4 Nishi-Azabu, Minato-ku, Tokyo 106-0031
- 아부리 모츠나베 돈코츠 맛
- 일본 대부분의 가게는 음료 무제한 코스를 선택하면 2시간 제한이 있는데, 이곳은 시간 제한 없이 즐길 수 있습니다.

일본의 유명 아이돌, 연예인도 찾는 것으로 소문난 가게입니다. 조용한 개인실에서 후쿠오카의 대표 요리인 곱창전골, '모츠나베(もつ鍋)'를 먹을 수 있습니다. 우엉과 부추를 듬뿍 넣고 끓인 따뜻한 국물을 먹고 있으면, 도쿄에 있지만 마치 후쿠오카에 온 것 같은 착각을 불러 일으킵니다. 어두운 조명이 고급스러운 분위기를 만들어 격식 있는 모임에도 추천합니다. 고급 주택가가 즐비한 지역의 특성상 1인당 자릿세가 조금 비싼 편이지만, 그만큼 대접받는 분위기를 만들어줍니다.

구글맵

특별한 일식을 경험하고 싶다면

전복 요리 전문점

아와비노 겐타 あわびの源太

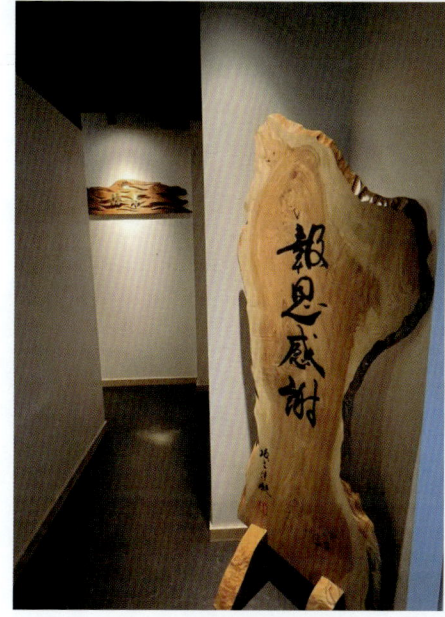 

전복 요리라고 하면 주로 전복죽만 떠올렸는데, 이 가게에 다녀온 이후 전복 요리가 이렇게 다양하고 맛있을 수 있다는 사실을 알게 됐습니다. 홋카이도 출신 셰프가 2대째 운영하는 곳으로, 도쿄에서는 보기 드문 신선한 품종의 전복을 맛볼 수 있습니다. 꼬들꼬들한 식감부터 부드러운 식감까지 전복의 매력을 다양하게 즐길 수 있으며, 회, 튀김, 구이 등 전복으로 만들 수 있는 거의 모든 요리가 준비되어 있습니다. 코스 가격은 1만 3,000엔부터 시작합니다. 저렴하다고는 할 수 없지만, 특별한 일본식 전복 요리를 경험하고 싶은 분들께 추천합니다.

구글맵

전복 성게구이도 별미!

INFO
- 월~금 17:00~23:00, 토·공휴일 17:00~22:00
- 일
- 1F, 4-11-28 Nishi-Azabu, Minato-ku, Tokyo 106-0031
- 전복 버터구이

한 번 맛보면 가족에게 소개하고 싶은
일본식 샤브샤브

효우키
京都 瓢嘻 西麻布店

분위기 있는 공간에서 편안하게 식사하고 싶다면 이곳을 추천합니다. 가게에 들어서자마자 일본 분위기가 물씬 풍기는 인테리어가 먼저 손님을 맞이합니다. 구글맵 리뷰가 700개가 넘으며 평균 별점은 4.7점에 달합니다. 일본 현지인뿐 아니라 한국인을 포함한 외국인에게도 인기가 높은 진짜 맛집입니다. 신선한 채소와 와규, 품질 좋은 돼지고기, 시즌 한정 사케, 제철 재료로 만든 다양한 요리를 즐길 수 있습니다. 직원들의 친절한 응대에 대한 호평도 많습니다. 한국어 메뉴도 준비되어 있어 가족과 함께 방문하기에도 좋은, 실패 없는 맛집입니다.

가족들을 데려가고
싶은 가게

INFO | 니시아자부점

- 🕐 월~토·공휴일 런치 12:00~15:00 디너 17:00~24:00, 일 런치 12:00~15:00, 디너 17:00~23:00
- 📪 없음
- 📍 1F, 1-10-6 Nishi-Azabu, Minato-ku, Tokyo 106-0031
- 👍 돼지고기와 스노크랩 육수 샤브(Dashi-shabu)

구글맵

미쉐린 1스타, 프렌치 레스토랑

오데코
おでこ

au dec

프렌치 요리를 현대적으로 재해석해 누구나 부담없이 즐길 수 있습니다. 히로오의 조용한 주택가 골목에 조그맣게 자리 잡고 있습니다. 좌석 간 간격도 넓어 주변을 신경 쓰지 않고 여유로운 시간을 보낼 수 있어요. 미쉐린 1스타를 받을 만한 레스토랑입니다. 1인당 1만 4,300엔의 '셰프 추천 코스'를 꼭 드셔보세요. 처음부터 끝까지 질리지 않고 먹을 수 있습니다. 중간중간 페어링 와인 추천 받는 것도 잊지 마세요.

디저트까지 완벽한 맛!

구글맵

INFO

- 월~토 18:00~22:00
- 일·첫째 주 월
- 2-23-3 Ebisu, Shibuya-ku, Tokyo 150-0013
- 게와 스크램블에그파이
- 추천 메뉴인 파이는 포장도 가능합니다.

도쿄에서 즐기는
사가 지역 명품 소고기

갓포R

鉄板焼き
しゃぶしゃぶ
割烹R 西麻布店

도쿄에서 잘 만나기 힘든 '사가규(사가 지역의 프리미엄 소고기)'를 샤브샤브와 스테이크로 즐길 수 있어요. 최고급 고기와 엄선된 식재료로 만들어진 요리에 행복해지는 곳! 고기 좋아하는 분들은 꼭 방문하세요. 2명부터 12명까지 이용 가능한 개인실도 완비되어 있습니다. 코스의 처음부터 끝까지 입안에서 하나의 그림을 완성합니다.

최고급 고기를
눈앞에서 바로 구워줍니다.

구글맵

INFO

- 17:00~23:00
- 없음
- B1, 1-11-6 Nishi-Azabu, Minato-ku, Tokyo 106-0031
- 사가규 서로인 스테이크 코스, 가리비 버터구이
- 음료 무제한 코스 이용 시간은 90분.

04

요요기우에하라
×
시모키타자와

독립 서점, 소규모 갤러리, 개성 강한 카페가 많은 감성 거리

도쿄 안에서도 '나만 알고 싶은 동네'로 꼽히는 이곳은, 감성적이면서도 자신만의 색깔이 뚜렷한 공간들이 조용히 자리 잡고 있습니다. 빠르게 변하는 대도시 안에서, 이 두 동네는 묘하게 비켜나 있습니다. 너무 꾸미지 않고, 너무 떠들지 않으면서도, 자연스럽게 취향을 드러내는 방식으로요.

요요기우에하라는 깔끔하고 정제된 매력이 있습니다. 조용한 주택가 사이로 독립 서점과 갤러리, 커피로스터리가 이어집니다. 골목 사이사이에 숨어 있는 베이커리와 와인 바, 햇살이 스며드는 북카페는 유럽의 어느 도시처럼 보이기도 합니다. 바쁜 일상에서 잠시 걸음을 늦추고 싶을 때, 이곳은 가장 좋은 거리가 되어줍니다.

시모키타자와는 조금 더 자유롭고 경쾌합니다. 오래된 극장과 빈티지 숍, 아마추어 밴드들이 연습하는 지하 공연장까지. 어딘가 예측 불가능하고 기발한, 그래서 더 살아 있는 거리. 벽에 낙서처럼 붙은 포스터, 창밖으로 음악이 흐르는 바, 매일이 공연처럼 열리는 플리마켓…. '나도 여기서라면 뭔가 할 수 있을 것 같아'라는 느낌이 드는 청춘의 분위기가 가득한 동네입니다.

요요기우에하라의 정갈함과 시모키타자와의 자유로움, 전혀 다른 듯하면서도 이 두 동네는 같은 감도를 공유하고 있습니다.

젊은 셰프의 독창적인 요리를
만날 수 있는 곳

퀸디
Quindi

일본인 친구들 사이에서도 여러 번 언급된 소문난 맛집입니다. 기대하고 찾았는데도 기대 이상이었습니다. 젊은 셰프가 신선한 식재료로 크리에이티브한 요리를 선보입니다. 한국으로 치면 '흑백요리사'에 출연한 젊은 셰프의 떠오르는 인기 맛집과도 비슷한 분위기입니다. 메뉴에는 식재료를 공수한 지역과 농가 정보가 표기되어 있어, 정성을 기울여 대접해준다는 기분이 듭니다. 아직 젊은 나이지만, 요리 경력 22년의 셰프가 자신 있게 창의적인 요리를 펼치는 공간입니다.

요즘 젊은 층 사이에서
소문난 맛집!

INFO
- 11:30~14:00, 18:00~23:00
- 없음
- 1F, 2-48-12 Uehara, Shibuya-ku, Tokyo 151-0064
- 오키나와산 로스트포크

구글맵

시모키타자와에 사는 지인들에게 여러 번 추천받은, 맛이 보장된 이자카야입니다. 시모키타자와 인근에 들른다면 꼭 방문해보세요. 동네 주민들에게 사랑받는 현지 인기 맛집으로, 방문해보면 단골 손님이 많다는 것을 금세 느낄 수 있습니다. 혼자보다는 여럿이 함께 가 활기찬 분위기를 즐기기에 좋습니다. 특히 생선 요리가 일품인데, 그중에서도 '고등어구이'를 가장 추천합니다. 가다랑어에 빵가루를 입혀 튀긴 '가다랑어카츠'도 꼭 맛보세요. 겉은 바삭하고 속은 살짝만 익혀 부드러운 식감을 동시에 즐길 수 있습니다. 요리에 잘 어울리는 '니혼슈'도 가게에서 추천받아 꼭 마셔보세요. 가게 주인이 영어로 응대할 수 있어 일본어를 못하는 분들도 걱정 없이 즐길 수 있는 곳입니다.

해산물과 술 한잔이 생각날 때
주민 픽 해산물 이자카야

우부 うぶ

INFO
- 월~금 18:00~24:00, 토·일·공휴일 17:00~24:00
- 없음
- 2F Daini Katayanagi Building, 2-33-8 Kitazawa, Setagaya-ku, Tokyo 155-0031
- 가다랑어카츠, 고등어구이

구글맵

매일 새로 만드는
'오늘의 메뉴' 메뉴판

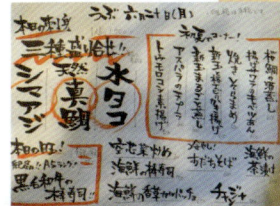

79

정갈한 소바 한 판에
깔끔한 생맥주 한 잔

소바 키요세 무사시야
そば季寄 武蔵屋

INFO
- 월~토 11:30~15:00, 17:00~21:30
- 일
- 1F, 1-22-3 Uehara, Shibuya-ku, Tokyo 151-0064
- 자루소바

친절한 가게 주인 덕분에 마음까지 스르르 녹는 곳입니다. 가격에 비해 음식 퀄리티가 높아 가성비가 뛰어난 맛집입니다. 소바 메뉴는 물론, 소바를 먹기 전 곁들이는 술안주인 '소바마에'와 제철 식재료로 만든 다양한 요리도 준비되어 있습니다. 주인이 엄선한 신선한 생맥주를 비롯해 하이볼, 사워, 니혼슈, 와인 등도 갖추고 있습니다. 판에 나오는 차가운 소바인 '자루소바'에 맥주 한 잔을 곁들이면 상쾌함이 배가되어 기분까지 좋아집니다. 인기도 많아 주말에는 예약 없이 들어가기 어려워 몇 번이나 헛걸음할 수 있으니, 꼭 예약 후 방문하세요.

'모둠 사시미' 같은
안주 메뉴도 많아요!

구글맵

낮에는 일본 가정식, 밤에는 이자카야
맛없는 메뉴가 없는 인기 맛집

고바야시
酒処小林 代々木上原

요요기우에하라에서 맛있는 이자카야를 찾는다면 이곳을 추천합니다. 모든 요리가 전반적으로 훌륭한데, 특히 한 입 베어 물면 육수의 진한 감칠맛과 달걀의 부드럽고 은은한 단맛이 퍼지는 '일본식 달걀말이', 시간을 들여 구워 깊은 풍미를 응축한 '숯불장어구이'는 꼭 맛봐야 할 메뉴입니다. 주점답게 술 종류도 다양해 맥주, 니혼슈, 내추럴 와인 등 요리에 어울리는 주류가 준비되어 있습니다.

겉모습은 오래된 민가 같지만, 내부는 꽃 장식이 어우러진 현대적인 분위기입니다. 주말과 공휴일에는 점심 영업을 하며 정갈한 일본식 식사를 선보이고, 밤에는 이자카야로 변신합니다. 요요기우에하라의 개성을 그대로 보여주는 곳이라 할 만합니다. 저녁 피크 타임에는 반드시 예약이 필요하니 잊지 마세요.

모든 메뉴가
다 맛있어요!

INFO

- 화~금 17:00~23:00, 토 12:00~13:30, 17:00~23:00, 일 12:00~13:30, 17:00~22:00
- 월
- 3-6-1 Nishihara, Shibuya-ku, Tokyo 151-0066
- 숯불장어구이, 훈제달걀 감자샐러드, 일본식 달걀말이

구글맵

편안한 분위기에서 가게 추천 술 한잔

노미도코로 다나카 하나레
呑み処 タナカたなか ハナレ

가게 주인이 추천해주는 술을 즐길 수 있다는 점이 매력입니다. 음식 메뉴를 고르면 손님의 취향을 고려해 어울리는 술을 제안해줍니다. 자녀와 함께 오는 가족 단위 손님도 많아 누구나 편하게 이용할 수 있는 분위기입니다. 일본식 감자샐러드인 '포테토 사라다', 참치와 단무지를 함께 다져 만든 안주인 '토로타쿠'를 특히 추천합니다.

참치와 단무지를 다져 만든 '토로 타쿠'

INFO
- 17:00~24:00
- 없음
- 2F Magasin Shimokitazawa, 2-29-16 Kitazawa, Setagaya-ku, Tokyo 155-0031
- 포테토 사라다, 토로 타쿠

구글맵

취향에 맞는 커피를 추천해주는
정원 안쪽에 자리한 카페

나도야노 캇테

nadoya no katte

INFO
- 금·토·일·공휴일: 09:00~18:00
- 월~목
- 3-19-3 Nishihara, Shibuya-ku, Tokyo 151-0066
- 시즈널 드립커피

구글맵

요요기우에하라역 근처, 60년 된 옛 주택을 리노베이션해 카페로 다시 태어난 공간이에요. 목조 건물과 작은 정원이 어우러져 고즈넉한 분위기를 자아냅니다. 입구에는 돌계단과 자갈길이 있는 작은 진입로가 있고, 안으로 들어서면 바리스타가 매 시즌마다 바뀌는 드립커피를 취향에 맞게 추천해줍니다. 커피는 꼭 따뜻하게 즐겨보세요. 커피 본연의 향을 느낄 수 있는 방법이에요. 음료를 주문하면 바리스타가 향 노트를 설명해주는데, 마치 와인 셀러를 탐색하는 듯한 감각적인 경험을 할 수 있습니다. 금·토·일요일에만 문을 열기 때문에 더욱 특별한 공간이에요.

바리스타에게 원두 추천을 받아보세요!

카레가 이렇게 맛있을 수 있다고요?
비건 수프카레 명소

바쿠마츠 커리

Bakumatsu Curry

INFO
- 금·토 11:30~14:30
- 일~목
- 1F, 1-28-11 Shoto, Shibuya-ku, Tokyo 150-0046 (10월 초, 이전 오픈 예정)
  3F Yamada Building, 3 4 5 Nishihara, Shibuya-ku, Tokyo 151 0066 (현 주소)
- 채소 수프카레

구글맵

채소가 듬뿍 들어간
수프카레.

요요기우에하라역 바로 근처, 3층에 숨어 있는 이곳은 100% 비건 수프카레 전문점이에요. 가게 내부는 오픈 카운터를 중심으로 한 아담한 구조로, 채소 손질부터 플레이팅까지의 과정을 바로 눈앞에서 볼 수 있어요. 대표 메뉴인 '채소 수프카레'에는 매일 새벽 자가 농장에서 수확한 제철 유기농 채소 약 10여 종이 큼직하게 올라가 있어, 씹는 재미가 살아 있어요. 수프는 깊고 진한 맛을 내며, 매운맛은 3단계로 조절할 수 있습니다. 오밀조밀하고 따뜻한 분위기의 보석 같은 공간입니다. 미리 예약하는 편이 좋아요.

05

아사가야
×
코엔지
×
오기쿠보

거친 드로잉의 벽화, 소극장, 오래된 책방이 있는 자유로운 영혼들의 놀이터

도쿄 서쪽의 이 세 동네는 마치 오래된 레코드처럼, 듣는 이마다 다르게 울립니다. 반짝이는 새로움보다는 묵직한 취향과 온기가 있는 곳. 이곳에서는 모두가 '남들과 조금 달라도 괜찮다'라는 태도로 살아갑니다.

코엔지는 자유로운 영혼들의 놀이터입니다. 골목마다 빈티지 숍이 가득하고, 거친 드로잉이 그려진 벽화와 소극장이 어깨를 나란히 합니다. 기타 소리가 새어나오는 라이브하우스, 손으로 만든 액세서리를 파는 플리마켓, 장르를 넘나드는 중고 음반점. 이곳은 무작정 트렌드를 따르는 것이 아니라 '나만의 스타일'이 기준이 되는 거리입니다.

아사가야는 코엔지보다 한결 잔잔하지만, 그 안에 깃든 유머와 여유는 결코 가볍지 않습니다. 상점가를 중심으로 예술가들이 모여 살고 있으며, 거리에는 언제나 재즈와 웃음이 흐릅니다. 밤이 되면 작은 바와 선술집에서 흘러나오는 대화 소리에 귀를 기울이게 됩니다. 이 동네에서는 사람 냄새가 납니다.

오기쿠보와 니시오기쿠보에는 클래식하면서도 낡지 않은 멋이 깃들어 있습니다. 오래된 여행 서적 전문 책방부터 자그마한 카페까지. 반듯하지 않아도 편안한 거리, 오래된 물건에 담긴 이야기를 존중할 줄 아는 사람들이 실아갑니다.

이 세 동네는 모두 조금씩 다르지만, 하나로 이어지는 무드가 존재합니다. 바로 '남들이 뭐라든, 난 나답게'라는 태도입니다. 그 자유로운 개성이 거리 전체를 물들입니다. 그래서 누군가는 여기서 인생의 노래를 만들고, 누군가는 평생 머물 집을 찾습니다.

INCredible COFFEE

구글맵

저녁이면 DJ 공연이 펼쳐지는
빈티지 감성의 로스터리 카페

인크레더블 커피

매일 바뀌는
'오늘의 커피'

역에서 도보 5분 거리에 있는 소박한 1층 로스터리 카페입니다. 유리문에는 매일 바뀌는 '오늘의 커피'가 손글씨로 친절히 적혀 있고, 내부는 브라운 우드 카운터와 콘크리트 바닥이 어우러져 깔끔한 분위기를 냅니다. 커피는 과일향과 산미가 동시에 느껴져 풍부하고, 베이글은 인근의 유명 베이커리인 '에비스 베이글'에서 들여오는 것으로, 커피와 함께 가볍게 배를 채우기에 제격입니다. 좁지만 아늑한 공간이라 혼자 와서 책을 읽거나 여행 중 잠시 생각할 시간을 가시며 머물기에도 좋습니다. 저녁에는 뮤직 라운지로 디제잉 공연도 펼쳐지며, 음악과 함께 커피와 술을 즐길 수 있습니다.

INFO

🕐 화~일 08:30~10:00, 11:30~18:00, 19:00~23:00
❌ 월
📍 2-22-2 Koenjikita, Suginami-ku, Tokyo 166-0002
👍 오늘의 원두로 내리는 아이스 아메리카노

> 도토리의 숲,
> 지브리 감성의 킷사텐

돈구리샤

Donguri-sha

1974년부터 약 50년 동안, 니시오기쿠보의 좁은 대로변 구석에 단단히 자리 잡은 이곳. 문을 열고 들어가면 고즈넉한 재즈가 낮게 깔리고, 벽엔 그림과 포스터가 가득해 마치 동화 속 다락방에 온 듯한 따뜻함이 느껴집니다. 가게 이름인 '돈구리샤'는 '도토리의 집'이라는 뜻인데, 이곳의 분위기와 딱 어울리는 이름입니다. 이 가게의 자랑은 고소하게 볶은 원두로 내린 핸드드립 커피 입니다. 담백한 맛의 아이스 커피부터 커피 젤리, 피자 토스트, 생크림 케이크 같은 레트로 디저트까지, 작은 잔 속에서도 추억의 맛을 음미할 수 있는 선택들이 많습니다.

킷사텐 무드 가득!

INFO

- 10:00~20:30
- 없음
- 3-30-1 Nishiogikita, Suginami-ku, Tokyo 167-0042
- 커피 젤리

구글맵

아침부터 저녁까지

언제 와도 맛있는 히든 비스트로

브레드 앤 비스트로 플랫

BREAD AND BISTRO FLAT

빈티지 가구와 나무 테이블이 어우러져 따뜻한 분위기를 풍기는 베이커리 겸 비스트로입니다. 매일 30~40종의 고급 수제빵이 구워지고, 디너에는 빵 무제한 제공과 함께 와인에 잘 어울리는 작은 안주도 준비되어 있어 식사와 디저트를 넘나들며 즐길 수 있습니다. 혼자 빵을 고르며 즐기는 아침 커피, 친구와의 와인 한잔, 가족 외식, 반려견과 함께하는 테라스 모임까지 모두 가능한 다채로운 공간입니다. 런치 타임에는 메인 메뉴 가격에 추가금을 지불하면 빵을 무제한으로 즐길 수 있는 '빵 타베호다이'가 가능합니다. '빵 타베호다이'는 이곳을 찾는 손님들에게 특히 인기이니, 꼭 추가해 즐겨보세요.

INFO

- 월~금 09:00~23:30, 토·일 08:30~23:30
- 없음
- 3-70-1 Koenjiminami, Suginami-ku, Tokyo 166-0003
- 모닝 샐러드 플레이트

구글맵

부담 없이 즐길 수 있는
우나기동 맛집

우나기노 나루세

鰻の成瀬

아사가야 상점가 한복판에 자리한 이곳은 가성비 좋은 우나기(장어) 맛집으로 입소문이 난 곳입니다. 도쿄 지역 특유의 '간토풍(關東風)' 우나기동(장어 덮밥)을 합리적인 가격에 즐길 수 있습니다. 간토풍은 장어(鰻)를 먼저 쪄낸 뒤 숯불에 다시 구워 기름기를 빼고 속살을 부드럽고 촉촉하게 만드는 조리법입니다. 반대로 '간사이풍(關西風)'은 장어를 통째로 바로 숯불에 구워 겉은 탄향이 강하고 속은 쫄깃한 식감이 특징입니다. 겉은 살짝 바삭하고 속은 말랑하게 풀리는 간토풍 우나기의 식감은 장어 초보자도 부담 없이 즐길 수 있는 매력입니다. 메뉴는 반쪽(梅), 3/4쪽(竹), 한 마리(松)로 구성되어 있습니다. 혼밥에 적합한 카운터석부터 조용한 테이블 자리까지 갖추고 있어, 혼자든 둘이든 누구나 편하게 찾을 수 있는 곳입니다.

가성비 우나기동 맛집!

INFO

- 월~금 11:00~15:00, 17:00~21:00, 토·일 11:00~21:00
- 없음
- 1-34-11 Asagayaminami, Suginami-ku, Tokyo 166-0004
- 우나기동(한 마리)

구글맵

웨이팅이 있지만 기다린 보람이 있는 맛집입니다. 주먹밥과 된장국처럼 정갈하고 심플한 일본 가정식을 맛보고 싶다면 이곳을 꼭 방문하세요. 메뉴는 단 하나뿐입니다. 매일 정식 구성이 달라지는 방식으로 운영됩니다. 자극적이지 않은 편안한 맛으로, 주먹밥과 된장국 같은 가정식 한 상을 든든하게 즐길 수 있습니다. 오니기리, 우메보시, 돈지루 등의 메뉴로 구성됩니다. 매월 휴무일이 달라지므로 방문 전에는 가게 공식 인스타그램을 확인하는 것이 좋습니다.

주먹밥과 된장국, 매일 바뀌는 정갈한 일본 가정식

유게
湯気

매일 정식 메뉴가 달라져요!

INFO
- 월~토 11:00~20:30
- 일
- 2-19-7 Nishiogiminami, Suginami-ku, Tokyo 167-0053
- 오늘의 식사, 오니기리 정식

구글맵

다양한 일본 요리를 맛보는
젊고 캐주얼한 이자카야

니코로쿠

高円寺ニコロク

캐주얼하고 젊은 느낌의 가게로, 창의적인 일본 요리를 제공한다는 콘셉트의 이자카야입니다. 친근하고 아기자기한 분위기가 풍깁니다. 약 열 석 남짓한 작고 아늑한 공간으로, 아기자기하고 귀여운 분위기입니다. 늘 단골들로 붐비는 인기 있는 맛집입니다. 이곳에서 꼭 맛봐야 할 메뉴는 굴과 연어알을 올린 '차완무시(달걀찜)'입니다. 부드럽고 은은한 감칠맛이 일품으로, 술을 마시기 전 속을 달래줍니다. 일반적인 맥주와 하이볼 외에도 수제 레몬 사와나 유자 진토닉 같은 상큼한 칵테일이 특히 인기입니다. 제철 재료를 사용한 창의적인 각종 안주들은 와인과도 잘 어울립니다. 다정하고 소박한 행복을 느낄 수 있는 시간을 보낼 수 있습니다.

구글맵

INFO

- 월·화, 목~일 17:00~01:00
- 수
- 1F, Horiuchi Building, 1-24-9 Koenjiminami, Suginami-ku, Tokyo 166-0003
- 차완무시(달걀찜)

일본식 감성으로 재해석한
중화풍의 바

네오 차이니스 바 수이켄
ネオ中華バル 酔軒

INFO

◎ 월·화·목·금·일 15:00~23:00, 토 15:00~02:00

✕ 수

◎ 3-46-7 Koenjiminami, Suginami-ku, Tokyo 166-0003

👍 만두튀김, 새우 슈마이

딱 봐도 분위기 있는 외관이 눈길을 끕니다. '중화 요리를 일본식으로 재해석한 바'라는 설명이 잘 어울리는 공간입니다. 짭조름한 가지튀김이나 매콤한 탄탄멘처럼 우리에게도 익숙한 중화 메뉴에 일본 특유의 감성을 더했습니다. 도쿄 여행을 왔다면 이국적인 메뉴를 일본식으로 재해석한 요리를 맛보는 것도 좋은 경험이 될 거예요. 어떤 메뉴를 선택해도 맛있습니다. 맥주부터 일본 위스키, 가벼운 칵테일까지 술 메뉴도 다양하고 가벼운 안주 메뉴도 많아 2차로 들르기에도 좋습니다. 세련되면서도 캐주얼한 분위기 덕분에 혼자 방문해서 술과 요리를 가볍게 즐기기에도 좋습니다.

가볍게 맛보기 좋은 요리들

구글맵

06

아자부주반 × 히가시아자부

📍

전통과 트렌드가 공존하는 스폿

아자부주반은 오래전부터 도쿄 안에서도 특별한 기운이 흐르던 동네였습니다. 에도 시대부터 이어진 상점가와 전통적인 노포, 그리고 골목마다 숨어 있는 오래된 일본식 건물들이 자리한 곳. 고즈넉한 정취 위에 세련된 미식과 감각적인 트렌드가 덧입혀지면서, 이곳은 더욱 특별한 공간이 되었습니다.

히가시아자부는 조금 더 조용하고 정제된 느낌입니다. 거리에는 대사관과 고급 맨션이 나란히 자리하고 있으며, 그 사이에 놓인 아틀리에 카페와 프라이빗한 레스토랑. 겉보기엔 평범하지만 안으로 들어서면 감탄이 나오는 공간들이 이곳에 있습니다. 미쉐린 스타 셰프가 운영하는 프렌치 비스트로, 전통과 현대가 어우러진 일본식 이자카야, 고즈넉한 찻집까지. 이 지역만의 분위기를 즐기기 위해 일부러 발걸음을 옮기는 사람들이 많습니다. '전통적인 동네'라는 이미지와 '힙한 미식 공간'이라는 현재가 부드럽게 맞물린 아자부주반과 히가시아자부. SNS보다는 입소문으로, 화려한 간판 대신 은은한 조명 아래에서 존재감을 드러내는 이 동네는 이제 도쿄에서 가장 세련된 감도의 공간 중 하나로 떠오르고 있습니다.

최상급 재료와 찰진 식감의 밥, 완벽한 고품격 스시

스시 우미지
寿司海路

INFO

- 12:00~15:00, 17:00~03:00
- 없음
- 1F Azabu-Juban Heights, 1-5-25 Azabu-Juban, Minato-ku, Tokyo 106-0045
- 셰프 추천 오마카세 야마(山), 쿠루마에비(새우) 초밥

구글맵

엄선된 최상급 재료로 선보이는 고품격 스시 전문점입니다. 한국에서는 쉽게 경험하기 힘든 수준 높은 스시 맛집으로, 최근에는 아자부주반 인근에 머무는 한국인 여행객들의 방문도 늘고 있습니다. 스시는 한 점씩 단품으로 주문할 수 있으며, 11종, 13종, 15종으로 구성된 셰프 추천 오마카세 코스도 준비되어 있습니다. 회전초밥을 제외하면 한 점씩 주문하는 방식을 찾아보기 힘든데, 이곳에서는 도쿄 유명 스시점에서 수련한 셰프가 정성껏 만든 스시를 원하는 만큼 맛볼 수 있습니다. 정해진 코스가 아닌, 자신이 원하는 조합으로도 즐길 수 있다는 점이 이 가게만의 특별한 매력입니다. 새벽까지 영업하므로 인근 호텔에 머무른다면 야식을 먹기 위해 들르기에도 좋고, 한적한 시간대에 인기 스시 맛집을 여유롭게 즐길 수 있다는 점도 매력입니다. 모바일 주문이 가능해 일본어를 몰라도 불편함이 없습니다. 이곳은 긴자에서 8년 연속 미쉐린에 선정된 가이세키 맛집 '긴자 아마지'의 자매점입니다.

  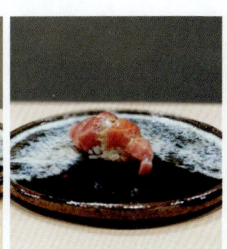 

새벽에도 방문 가능한

A5 랭크의 '사가규' 야키니쿠

스미비야키니쿠 가부토
炭火燒肉 兜

INFO | 아자부주반점
- 11:00~05:00 (런치 11:00~16:00)
- 없음
- B1 Cincia Azabu-Juban, 3-2-12 Azabu-Juban, Minato-ku, Tokyo 106-0045
- 두껍게 썰어낸 우설

구글맵

사가규의 희소 부위도 맛볼 수 있어요.

일본 3대 와규 중 하나인 프리미엄 브랜드 사가규를 즐길 수 있는 야키니쿠 전문점입니다. A5 랭크의 최고급 사가규 한 마리를 통째로 들여오기 때문에 희소 부위까지 맛볼 수 있습니다. 조용한 분위기 속에서 최상급 소고기의 깊은 풍미를 즐기고 싶을 때 떠오르는 곳입니다. 특히 오전 11시부터 오후 4시까지 운영되는 런치 메뉴를 이용하면 사가규를 부담 없이 맛볼 수 있습니다.

미쉐린 스타를 획득한 튀김 전문점

덴푸라 요코다

麻布十番 天冨良 よこ田

8년 연속 미쉐린에서 별 하나를 획득한 튀김 전문점입니다. 이곳에서 한 번 튀김을 맛보면 다른 가게에는 쉽게 발길이 가지 않을 정도로 뛰어난 요리를 선보입니다. 셰프가 엄선한 제철 재료를 정성스럽게 튀겨내 한 입 베어 물면, 바삭한 식감에 놀라게 될지도 모릅니다. 튀김옷과 기름, 불의 세기를 세심하게 조절해 최적의 순간에 건져 올려 바삭하고 경쾌한 식감과 고소한 맛을 완성합니다. 부드럽게 익은 해산물의 풍미가 입안 가득 퍼지는 순간, 이곳만의 진가를 느낄 수 있습니다.

코스 요리로 다양한 튀김을 차례로 맛볼 수 있으며, 신선한 가리비, 성게, 캐비아 등 의외의 재료로 만든 특별한 튀김도 만날 수 있습니다. 계절에 따라 코스에 포함되는 재료는 달라집니다. 이곳을 경험하고 나면 '튀김은 기름지고 부담스럽다'는 고정관념이 말끔히 사라집니다.

바삭한 식감, 기름지지 않고 고소한 맛

INFO
- 🕒 16:00~24:00
- ✉ 없음
- 📍 3F Patio Azabu-Juban, 3-11-3 Moto-Azabu, Minato-ku, Tokyo 106-0046
- 🍤 작은 새우를 튀겨 밥 위에 올린 튀김덮밥

구글맵

맛있고 몸에 좋은
글루텐 프리 카레를 만날 수 있는 곳

약선 카레 신카이
麻布十番 薬膳カレー 新海

'아자부주'반 하면 고급 음식점들이 떠오르지만, 이곳에는 일상적인 음식인 카레 전문점이 자리하고 있습니다. 처음에는 다소 의외처럼 보이지만, 직접 맛을 보면 왜 이곳에 가게를 열었는지 금세 이해할 수 있습니다.

'약선 카레'는 맛은 물론 건강까지 고려한 스타일의 카레입니다. 이곳의 약선 카레는 밀가루를 전혀 사용하지 않고 최소한의 기름만을 써 정성스럽게 만듭니다. 건강과 맛을 동시에 잡아내며 카레를 고급 음식의 반열로 끌어올렸습니다.

가게 내부는 모던하고 차분한 분위기이며, 카운터석도 마련되어 있어 혼자 방문하기에도 좋습니다. 한 플레이트에 1~3종의 카레를 모두 맛볼 수 있는 메뉴 구성이 특징입니다. 인기 메뉴인 스리랑카풍 약선 수프카레는 코코넛의 은은한 단맛에 향신료와 허브의 향이 어우러져 깊은 풍미를 냅니다. 런치 시간에는 10종 이상의 채소로 만든 수제 피클이 함께 제공되며, 원하는 만큼 가져다 먹을 수 있어 카레를 먹는 즐거움이 더해집니다.

맛과 건강을 동시에 잡는 약선 카레.

INFO | 본점

🕐 화~목, 일 11:30~14:30, 17:00~02:00, 금~토 11:30~14:30, 17:00~04:00

🚫 월

📍 B1 Higashi-Azabu Building, 3-8-9 Higashi Azabu, Minato-ku, Tokyo 106-0044

👍 스리랑카풍 수프카레

구글맵

구마모토 음식이 이렇게 맛있었다고요?

pentolaC

펜톨라C

일본 규슈 지방의 구마모토에서 공수한 신선한 식재료만 사용하는 곳입니다. 전채 요리인 어뮤즈부슈부터 메인 요리와 나베까지 코스로 즐길 수 있으며, 단품 메뉴도 다양하게 갖추고 있습니다.

이 가게를 온전히 즐기려면 요리 한 접시에 어울리는 음료 한 잔을 곁들이는 페어링을 추천합니다. 술을 마시지 않는 분들을 위한 논알코올 음료도 폭넓게 준비되어 있어 누구나 만족할 수 있습니다.

특히 놓치지 말아야 할 것은 코스 식사 후 기념품으로 제공되는 대나무 젓가락입니다. 일본 전역에서 유일하게 구마모토에서만 생산되는 대나무로 만든 것으로, 여행의 추억으로 간직하기에 좋습니다.

INFO

- 화~토 17:30~23:00
- 일·월
- B1 Hasebeya Building, 1-7-7 Azabu-Juban, Minato-ku, Tokyo 106-0045
- 구마모토 코스

구글맵

구글맵

일본인들의 해장 음식

맛있는 소바를 즐길 수 있는 곳

소바이자카야 소바고야

한국인들이 해장으로 라면을 즐긴다면, 일본인들은 소바를 먹습니다. 이곳은 새벽까지 영업해 2차로 들르기에도, 해장하러 오기에도 좋은 가게입니다. 소바를 전문으로 다루는 가게인 만큼, 깔끔하고 깊은 소바맛이 일품입니다. 방문자 리뷰만 봐도 호평 일색인 소바 맛집으로, 오리 고기로 국물을 낸 소바는 꼭 드셔보시길 추천드립니다. 소바와 곁들여 먹는 튀김도 빼놓을 수 없는 인기 메뉴입니다. 여럿이 함께 방문하신다면, 모둠 튀김을 주문해 나눠 드시는 것을 추천합니다.

INFO
- 11:30~15:00, 16:30~05:00
- 없음
- 1F Saito Building, 2-8-17 Azabu-Juban, Minato-ku, Tokyo 106-0045
- 모둠 튀김, 오리 국물 소바

교토식 일본 요리의 정수,
메인은 복어 요리!

히시누마

日本料理 菱沼

1985년에 오픈해 40년 이상 그 역사를 이어오고 있습니다. 매달 요리 클래스를 오픈할 만큼 요리에 진심인 셰프가 운영하는 이곳은 교토식 일본 요리를 전문으로 해요. 오래된 맛집인 이유가 느껴지는 곳으로, 특히 겨울에 방문해 복어 요리를 드셔보시길 추천합니다. 10월부터 3월까지만 복어 요리를 제공하는데, 한 번 먹어보면 그 맛을 쉽게 잊지 못해요. 복어 뼈로 우러낸 육수에 니혼슈를 페어링하는 즐거움도 놓치지 마세요.

INFO
- 월~토 18:00~23:00
- 일
- B1 Axis Building, 5-17-1 Roppongi, Minato-ku, Tokyo 106-0032
- 천연 복어 코스

복어 요리 외에도
다양한 교토식 일본 요리.

구글맵

PART 2.

레트로 감성과 로컬의 일상을
느낄 수 있는 지역

Nostalgia-Old soul, local flavor.

도쿄 동부

01 기요스미시라카와・료고쿠・구라마에
02 네즈・야나카・오카치마치・이나리초
03 기타센주・미나미센주
04 아카바네

01

기요스미시라카와
×
료고쿠
×
구라마에

갤러리, 공방, 커피 로스터리가 밀집한 떠오르는 도쿄 MZ 스폿

도쿄의 감각은 더 이상 시부야나 하라주쿠에만 머무르지 않습니다. 요즘 가장 주목받는 동네는 도쿄의 동쪽 끝에서 조용히 물결치고 있습니다. 기요스미시라카와, 료고쿠, 그리고 구라마에. 이곳은 커피, 공예, 디자인, 그리고 여유로운 삶의 리듬이 공존하는, MZ 세대의 새로운 성지입니다.

기요스미시라카와는 도쿄 스페셜티 커피 문화가 시작된 곳입니다. 블루보틀 일본 1호점이 바로 이곳에 있습니다. 오래된 창고를 개조한 커피 로스터리, 향긋한 원두 냄새가 퍼지는 거리, 커피 한 잔과 함께 머무는 시간을 제안하는 북카페들. 빠르게 마시고 떠나는 커피가 아니라, 천천히 음미하는 방식의 라이프스타일이 이곳에서 자리 잡았습니다.

구라마에에는 공방과 감성 숍들이 하나둘 모이고 있습니다. 수작업 그릇, 가죽 공예 소품, 미니멀한 디자인 문구류…. 대기업 브랜드 대신 진심을 담은 작은 브랜드들이 골목마다 숨어 있습니다. 무심한 듯 세련된 이 거리에는 '내 취향대로' 살아가고 싶은 사람들이 자연스럽게 모여듭니다.

료고쿠는 스모 경기장이 있는 곳이라, 스모의 이미지가 강하지만, 최근에는 감각적인 공간들도 공존하기 시작했습니다. 전통과 새로움이 뒤섞인 갤러리, 로컬 바까지. 고요하지만 분명한 변화가 이곳에서도 일어나고 있습니다.

이 세 동네를 걷다 보면, 누군가가 만든 트렌드가 아닌 스스로 흐름을 만들어가는 일상의 가치를 깨닫게 됩니다. 잔잔하고 정제된 감성, 천천히 음미하며 걸을 수 있는 거리. 도쿄의 동쪽에서 지금 가장 세련된 라이프스타일이 피어나고 있습니다.

유람선 위에서 도쿄의 랜드마크를 감상하며

비일상적인 기분을 맛보는 장소

야카타부네 츠리신

浅草 貸切乗合船 & ビアガーデン 屋形船 船宿 釣新

서울에 한강이 있다면, 도쿄에는 도심을 가로질러 흐르는 스미다강이 있습니다. 이 강을 따라 유람선을 타고 경치를 감상하며 음료를 무제한으로 즐기고, 회를 포함한 일본식 코스 요리를 맛볼 수 있습니다. 부모님과 함께 도쿄를 여행한다면 한 번쯤 경험해보시기를 추천합니다. 관광과 식사를 동시에 즐길 수 있어 가족 단위 여행객의 만족도가 높습니다. 점심 시간에도 승선할 수 있지만, 해가 지기 직전에 타면 노을과 야경을 함께 감상할 수 있어 가장 좋습니다. 특히 선선하고 화창한 날 저녁에 이용하면 더욱 특별한 추억을 만들 수 있을 거예요.

가족 단위 여행에 추천!

INFO
- 11:30~22:30
- 없음
- 1-3-11 Honjo, Sumida-ku, Tokyo 130-0004
- 저녁 연회 코스

구글맵

조용한 주택가 안, 가게 앞에 달린 붉은 초롱불이 손님을 맞이합니다. 이곳은 퇴근 후 마음 편하게 술 한잔 하러 오는 인근 직장인들로 붐빕니다. 가게 밖까지 퍼져 나오는 숯불 냄새에 홀리듯 이곳을 방문하게 됩니다. 일반 야키니쿠보다 더 색다른 숯불구이를 원하는 분들에게 추천합니다. 대창, 간, 양 등 특수 부위를 숯불에 구워 맛볼 수 있어요. 생맥주와 함께 먹으면 천국이 따로 없는 맛입니다. 혼자 먹기에도, 여럿이 함께 즐기기에도 좋은 공간입니다.

INFO
- 17:30 ~ 23:00
- 일
- 1-27-11 Midori, Sumida-ku, Tokyo 130-0021
- 호르몬 모듬

인근 직장인들이 퇴근 후 들르는 맛집!

잡내 없이 깔끔한
호르몬 숯불구이

호르몬야키 하세가와
ホルモン焼 はせ川

구글맵

LP와 함께 'Chill'한 분위기 속에서 여유를 즐길 수 있는 카페

칠아웃 커피 & 레코즈

언제 가도 반갑게 맞아 주는 단골 카페 같은 곳입니다. 관광객으로 붐비는 유명 카페가 아니라, 마치 도쿄 사람들이 즐겨 찾는 동네 카페에 온 듯한 편안함을 줍니다. 날씨가 좋을 때는 대로변에 소파와 차양막을 내놓아, 지나가는 사람들을 구경하며 커피를 마실 수 있습니다. 가게 주인은 날씨나 그날의 분위기에 맞춰 LP 음악을 선곡해 틀어주는데, 턴테이블에서 흘러나오는 음악이 더욱 운치 있는 분위기를 만들어줍니다. 특히 이곳의 라떼는 부드럽고 맛있어 꼭 추천할 만합니다. 디카페인 선택도 가능합니다.

동네 사랑방 같은 아늑한 공간에서 커피를 마시다 보면 시간이 훌쩍 지나갑니다. 혼자서 여유를 즐기며 잠시 쉬어 가기에도 좋고, 근처를 방문한다면 꼭 들러볼 만한 카페입니다.

CHILL OUT COFFEE & RECORDS

LP 음악과
커피 한잔의 여유.

구글맵

INFO
- 목~일 10:00~18:00
- 월~수
- 2-17-8 Midori, Sumida-ku, Tokyo 130-0021
- 아이스 카페 라떼

수제 버거 전문점
평일에도 줄을 서는

셰이크 트리

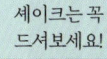
셰이크는 꼭 드셔보세요!

Shake Tree

주택가에 있어 자칫 그냥 지나치기 쉽지만, 오픈하자마자 길게 줄을 선 사람들로 인산인해를 이루는 인기 수제 버거 전문점입니다. 이곳의 시그니처 메뉴는 AAA, BBB, CCC 버거와 다양한 셰이크 종류입니다. 도쿄 수제 버거 하면 빠질 수 없는 '브로저스(BROZERS)'에서 수련한 뒤 이 가게를 오픈했다고 합니다. 가게 스태프들이 정말 친절하고, 손님의 취향에 맞춰 버거를 추천해줍니다. 프랜차이즈 버거와 비교할 수 없는 맛입니다.

INFO

- 화~금 11:00~14:30, 17:00~20:00, 토~일 11:00~20:00
- 월
- 3-13-6 Iwasaki Bldg. 1F, Kamezawa, Sumida-ku, Tokyo 130-0014
- AAA 버거, 피스타치오 셰이크

구글맵

커피에 진심인 바리스타의 추천 스페셜티 커피를 맛볼 수 있는 곳

플러스앵글 커피 웍스
+Angle coffee works

INFO
- 🕐 11:00~17:00
- ❌ 없음
- 📍 1-7-14 Kanou Bldg., Miyoshi, Koto-ku, Tokyo 135-0022
- 👍 바리스타 추천 커피

구글맵

이 가게는 미리 찾아보지 않으면 들어가기 어려운 곳이에요. 건물 위층에 있어, 지나가다 우연히 발견하기는 쉽지 않거든요. 기요스미 시라카와에 사는 지인의 추천으로 우연히 알게 된 후, 그 뒤로 쭉 찾게 된 곳입니다. 이 카페를 찾는 이들은 대부분 커피에 관심이 많으며, 지인 추천이나 검색을 통해 이곳을 알게 되어 찾아옵니다. 스페셜티 커피에 대한 지식이 풍부한 바리스타가 취향에 맞게 커피를 추천해줍니다. 바 테이블 같은 공간이라 바리스타와 이야기를 나누기 좋게 구성된 점도 인상적이에요. 커피에 관심 있는 분이라면 한 번쯤 들러보셨으면 합니다. 이 바리스타는 영어 응대가 가능해, 일본어로 소통이 어려운 분들이 방문하기에도 좋은 곳이에요.

수급 상황에 따라 매번 원두가 바뀝니다. 취향을 이야기하면 딱 맞는 커피를 추천해줘요!

동네 사람들의
아지트 같은 힙한 바

오핀　Offin'

호주 시드니에서 바텐더로 일한 경력을 가진 오너가 운영하는 힙한 바입니다. 퇴근 후 혼자 한잔 하러 오는 동네 사람들이 많아요. 다양한 창작 칵테일이 많아 하나하나 마셔보는 재미가 있습니다. 벽 한쪽에는 영화 영상이 흐르고, LP가 분위기를 더욱 고조시키는 공간. 여행으로 지친 몸을 쉬게 하는 데 딱 좋은, 젊은 감성의 힙한 바입니다.

구글맵

INFO
- 월~토 19:00~1:00
- 일
- 1-24-12 1F, Midori, Sumida-ku, Tokyo 130-0021
- 오너가 직접 만든 생초콜릿, 에스프레소 마티니

다양한 칵테일이 준비되어 있어요.

날씨 좋은 날 생각나는
개방감 넘치는 카페

바크 베이크 &
로스트

BARK BAKE & ROAST

INFO
- 월~수, 금~일 08:00~19:00
- 목
- 3-13-4 Kuramae, Taito-ku, Tokyo 111-0051
- 카페 라떼

구글맵

날씨가 화창한 날에는 어디론가 산책을 가고 싶을 때가 있지요. 산책 중 가볍게 들르기 좋은 카페, 이곳이 바로 그런 카페입니다. 1층은 전면이 유리창으로 되어 있어 개방감이 넘치고, 2층에는 노트북 작업하기 좋게 테이블이 갖추어져 있어요. 강아지도 출입 가능해서 구경하는 재미가 있는 곳입니다. 고소한 카페 라떼도 꼭 드셔보세요.

수제 버거 마니아라면
여행 일정에 꼭 넣어야 하는 곳

매클린 올드패션드 다이너
McLean OLD FASHIONED DINER

구라마에 뒷골목, 평소엔 그냥 지나치기 쉬운 거리에 있는 숨은 가게예요. 문을 열고 들어서면 뉴욕 영화에 나올 법한 올드 패션 인테리어에 잠시 멈칫하게 됩니다. 두툼한 패티의 수제 버거와 감자튀김 모두 만족스러운 맛입니다. 이곳은 빈티지한 감성을 좋아하는 친구와 느긋하게 즐기기에도 제격인 맛집입니다.

버거와 맥주 한 잔!

INFO

- 월~토 11:30~20:30, 일 11:30~19:00
- 없음
- 2-5-4 Kuramae, Taito-ku, Tokyo 111-0051
- 아보카도 치즈버거

구글맵

동네 사람들이 줄 서서 먹는
가성비 최고 돈카츠

이치카츠 とんかつ いちかつ

료고쿠역 바로 앞에 자리한 이곳은 다소 오래된 외관 때문에 그냥 지나치기 쉽지만, 알고 보면 동네 사람들이 아끼는 돈카츠 가게입니다. 바삭한 튀김옷 속에 촉촉하게 익은 고기는 씹을수록 육즙이 배어 나오며, 먹는 내내 '가성비가 좋다'는 생각이 들 정도입니다. 혼자 와도 부담 없는 카운터 자리가 있어 조용히 밥 한 끼 하고 싶을 때 제격입니다. 사장님이 두 개의 프라이어를 능숙하게 다루며 정성껏 튀겨내는 모습에서는, 오랜 경험에서 비롯된 장인의 기술이 고스란히 전해집니다.

바삭한 튀김옷, 촉촉하게 익은 고기.

INFO
- 11:00~14:45, 17:00~21:00
- 없음
- 1-3-4 Yokoami, Sumida-ku, Tokyo 130-0015
- 로스카츠

구글맵

02

네즈·야나카
×
오카치마치·이나리초

우에노의 양쪽 얼굴, 천천히 걷고 싶은 동네들

도쿄 안에 아직 이런 곳들이 남아 있다는 사실이 가끔은 새삼 놀랍습니다. 우에노를 중심으로 서쪽에는 네즈와 야나카, 동쪽에는 이나리초와 오카치마치가 있습니다. 서로 다른 얼굴을 가진 이 거리들의 공통점은 화려한 스폿들보다는 오래된 정취와 잔잔함으로 가득하다는 점입니다.

네즈와 야나카, 고층 빌딩도 번쩍이는 간판도 없는 이 거리에는 오래된 일본 가옥과 느릿한 골목길, 그리고 해 질 무렵이면 슬그머니 나타나는 고양이들이 함께 살아갑니다. 야나카긴자 상점가에는 아직도 손님과 눈을 맞추며 인사하는 가게들이 줄지어 있습니다. 대대로 이어온 생선가게, 갓 튀겨낸 고로케를 파는 반찬가게, 세월이 느껴지는 찻집. 간편하고 익숙한 것들 속에서 묘하게 가슴이 따뜻해지는 순간들이, 마치 시간 여행을 하는 듯한 기분을 줍니다. 오래된 목조 주택 사이로 스며드는 햇살, 자전거를 타고 천천히 지나가는 아이들, 베란다에 앉아 졸고 있는 고양이 한 마리. 이곳에서는 모든 것이 천천히, 그리고 다정하게 흘러갑니다.

한편, 우에노역을 사이에 두고 동쪽으로 향하면 또 다른 정서가 흐릅니다. 이나리초와 오카치마치에는 세련된 맛집, 오래된 목욕탕, 자연을 닮은 책방이 묵묵히 자리를 지키고 있습니다. 도쿄의 뒷골목 감성이란 게 있다면, 아마 이곳이 그 시작일지도 모릅니다. 정갈하면서도 정제된 카페 옆으로는 가볍게 한잔하기 좋은 바가 자리하고, 밤이 깊을수록 이 골목은 더욱 활기가 차오릅니다. 사람들의 대화가 술잔 사이를 오가고, 따뜻한 국물 냄새가 서늘한 공기를 빌어냅니다.

우에노는 그렇게, 서로 다른 속도와 감성을 모두 품은 채 존재합니다. 도쿄라는 도시를 조금 멀리서 바라보고 싶은 날, 이 양쪽의 풍경은 어쩌면 가장 사람다운 도쿄일지도 모릅니다. 화려하지 않아도, 그래서 더 오래 기억에 남는 동네들. 마음이 지쳤을 때 문득 떠오르는, 그런 풍경입니다.

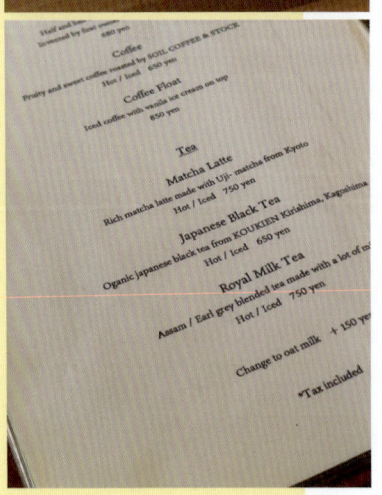

레트로 감성이 느껴지는 일본식 다방, 킷사텐

가야바 커피

カヤバ珈琲

1900년대에 지어진 옛 목조 가옥의 레트로한 감성을 그대로 살린 이곳은, 약 80여 년 전 문을 연 이후 지역 주민과 예술가들의 사랑을 받아온 전통 킷사텐입니다. 1층에는 테이블석, 2층에는 신발을 벗고 이용하는 좌식 자리가 마련되어 있어 마치 할머니 댁에 놀러 온 듯한 기분이 듭니다. 이 가게의 대표 메뉴는 '루시안 커피'로, 커피와 코코아가 믹스된 살짝 달콤한 음료입니다. 일본식 달걀 샌드위치인 타마고산도와 커스터드 푸딩도 추천합니다. 오전 8시부터 문을 여니, 하루의 시작을 이곳에서 해보는 건 어떨까요?

100년 된 목조 가옥의
레트로한 감성.

INFO

- 화~일 08:00~18:00
- 월 ※ 월요일이 공휴일인 경우 정상 영업, 다음 날인 화요일 대체 휴무
- 6-1-29 Yanaka, Taito-ku, Tokyo 110-0001
- 루시안 커피, 타마고산도, 커스터드 푸딩

구글맵

깊고 정갈한 수타 우동의 맛

네즈 우동 카마치쿠
根津うどん 釜竹

메이지 시대에 지은 석조 창고를 개조한 분위기 속에서, 직접 반죽하고 썬 수제 우동이 기다리고 있습니다. 메뉴는 '카마아게 우동(뜨거운 우동)'과 '자루 우동(차가운 우동)' 두 가지입니다. 면의 굵기를 고를 수 있어, 입맛에 맞춰 부드럽거나 쫄깃한 식감을 즐길 수 있습니다.

카마아게 우동은 뜨끈한 물에 담겨 제공되며, 진한 다시 소스에 담가 감칠맛을 음미하며 먹습니다.
자루 우동은 차갑게 식혀 제공되어 단단하고 쫀득한 면발을 즐길 수 있으며, 파·생강·텐가스(튀김 부스러기)·시치미(일본식 고춧가루)를 곁들여 다양한 풍미를 더할 수 있습니다. 여기에 니혼슈와 술안주 스타일의 튀김, 절임까지 준비되어 있어 자연스럽게 한잔 기분 좋게 마실 수 있는 공간입니다.

튀김도 추천해요

INFO

- 화~토·공휴일: 11:30~14:30, 17:30~21:30
- 일·월 ※ 직접 면을 만들기 때문에 면 소진 시 조기 마감될 수 있습니다.
- 2-14-18 Nezu, Bunkyo-ku, Tokyo 113-0031
- 카마아게 우동, 자루 우동

구글맵

ROUTE BOOKS

도쿄의 독립 서점이 궁금하다면,
감성이 흐르는 서점 속 카페

루트 북스

조용한 주택가 골목 안에 자리한 루트 북스는, 오래된 공장 건물을 최소한으로 리노베이션해 만든 독립 서점 겸 카페입니다. 내부는 식물과 잔잔한 조명 아래, 소파와 나무 가구가 어우러져 마치 작은 온실 같은 정취를 전합니다. 책은 소규모 출판물 위주로 구성되어 있어, 서점을 둘러보다가 우연히, 마음에 드는 한 권의 책을 만나게 되는 설렘도 있습니다.

커피와 맥주, 소프트드링크, 그리고 베이커리 메뉴가 준비되어 있어 음료를 마시며 책을 읽기에도 좋습니다. 이곳 주인은 원래 목공 회사를 운영하던 사람으로, 매장 안 가구는 현장에서 나온 폐자재를 활용해 직접 제작했습니다. 지속 가능성의 철학까지 녹아 있는 따스한 공간입니다.

INFO

- 12:00~19:00
- 없음
- 4-14-3 Higashiueno, Taito-ku, Tokyo 110-0015
- COEDO 생맥주

구글맵

> 식물과 잔잔한 조명이 있는 감성 있는 북카페

미니멀하고 정제된
인테리어의 카페

229

신오카치마치역에서 걸어서 1분, 주택가 사이에 조용히 자리한 229는 책장 근처에 앉아 커피를 즐기고, 아래층 갤러리로 내려가 와인 한잔까지 곁들일 수 있는 북카페 겸 바입니다.

내부는 약 10석 정도의 아담한 공간으로 구성되어 있으며, 혼자서도 오랫동안 머물고 싶어지는 분위기입니다. 지하 갤러리 공간은 사진이나 출판 이벤트 장소로도 종종 활용됩니다. 혼자 책을 읽거나 생각을 정리하고 싶을 때 떠오르는 공간입니다. 점심에 방문하면 맛있는 런치 메뉴도 즐길 수 있는데, 다진 고기를 넣어 만든 카레인 '키마 카레'와 일본식 달걀 샌드위치인 '타마고산도'가 대표 메뉴입니다.

INFO

- 월~금 12:00~19:00, 토·일 12:00~20:00
- 4-24-2 Taito, Taito-ku, Tokyo 110-0016
- 키마 카레, 타마고산도, 커피 젤리

구글맵

**일본 각지의 문화를 느낄 수 있는
동네 사랑방 같은 커뮤니티형 식당**

네즈쿠리야
まちの学び舎 ねづくりや

이곳은 단순한 식당을 넘어, 지역 주민과 여행객이 어우러지는 동네 사랑방 같은 커뮤니티형 식당입니다. 가게 한편에는 일본 각지의 식품과 잡화, 그리고 지역 아티스트의 갤러리 전시도 열립니다.

대표 메뉴인 '골라 먹는 런치 플레이트'는 일본 가정식 반찬 3종과 메인 요리 1종, 샐러드, 된장국이 세트로 제공되는 구성입니다. 가지런히 놓인 반찬 하나하나에 정성이 담겨 있으며, 저녁 시간에는 일본 각지의 술과 함께 해당 지역 식재료로 만든 안주를 즐기며 조용히 술잔을 기울일 수 있습니다.

일본 가정식을 맛볼 수 있는 곳.

구글맵

INFO

🕐 화~일 11:00~14:30, 18:00~22:00

📍 1F, 2-22-10 Nezu, Bunkyo-ku, Tokyo 113-0031

👍 골라 먹는 런치 플레이트

고즈넉한 목조 가옥에서 즐기는
전통 장어구이

키리

吉里 - 谷中総本店

INFO | 야나카 총본점
- 11:30~21:30
- 없음
- 3-2-6 Yanaka, Taito-ku, Tokyo 110-0001
- 특상 우나기동

구글맵

> 덮밥 외에 다른 장어
> 요리도 많아요.

낮은 담장과 대문을 지나 내부로 들어서면, 2층 높이의 옛 목조 주택이 고즈넉한 분위기를 자아냅니다. 장어는 '간토풍 방식(한 번 찐 후 두 번 굽는 방식)'으로, 속은 촉촉하고 겉은 바삭한 정석 스타일입니다. '상(上, 2/3마리 정도)'과 '특상(特上, 한 마리)' 중에서 선택할 수 있습니다. 어느 것을 고르든 배속을 든든하게 채워주는 풍성함과 만족감을 느낄 수 있습니다.
이 외에도 장어 꼬치 모둠, 장어를 넣은 달걀말이 등 술 한잔 곁들이기 좋은 메뉴도 준비되어 있으며, 조용히 흐르는 음악은 도쿄의 뒷골목 정취를 더욱 깊이 느낄 수 있게 해줍니다.

우에노의 역사 그 자체,
100년 전통 샤브샤브 노포

스이샤

Suisha

우에노 지역의 역사를 100년간 고스란히 담아온 정통 일본 요리 노포입니다. 이곳의 자랑은 최고급 품종인 마에자와규를 사용한 샤브샤브입니다. 입안에서 살살 녹는 그 부드러움은 도쿄 내에서도 손꼽히는 수준이라는 평을 받고 있습니다.

샤브샤브에 곁들여 마실 술도 많습니다. 니혼슈·와인·사케 50종 이상이 준비되어 있어, 식사의 흐름에 따라 다양한 조합을 즐길 수 있습니다. 점심에는 2,000엔 내외의 정식 세트도 제공되어, 낮과 밤 모두 의미 있는 식사를 제안합니다.

입안에서 녹는 부드러운 맛!

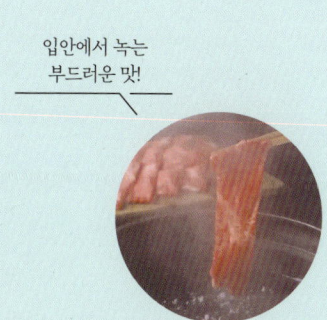

INFO
- 월~금 11:30~15:00, 17:00~22:00, 토 11:30~22:00
- 일
- 2-21-11 Higashiueno, Taito-ku, Tokyo 110-0015
- 샤브샤브 코스

구글맵

03

기타센주 × 미나미센주

오래된 노포와
감각적인 카페가 공존하는
따스한 감성의 거리

기타센주와 미나미센주는 도쿄의 동북쪽, 조금은 느슨한 공기가 감도는 동네입니다. 낡은 간판과 전통시장, 그리고 그 틈에 숨은 감각적인 카페와 갤러리, 오래된 것과 새로운 것이 만나 자연스럽게 어깨를 나란히 합니다.

기타센주는 에도 시대부터 이어져온 교통의 요지였습니다. 지금도 역을 나서면 오래된 포장마차 거리와 활기찬 시장이 반겨줍니다. 줄 서서 먹는 우동집, 3대째 이어온 선술집, 그리고 일본식 단팥빵 가게. 사람 냄새 짙은 이 골목은, 도쿄 안에서도 가장 '정겨운 맛'을 느낄 수 있는 곳입니다.

하지만 그 반대편 골목에는 또 다른 분위기의 거리가 있습니다. 마치 교토의 한적한 거리처럼 꾸며진 카페, LP 음악이 흐르는 바, 수공예 제품을 전시한 편집 숍. 아무도 모르게 피어난 감성들이 이 낡은 동네에 새로운 결을 입힙니다. 유행을 좇기보다는, 그저 오래도록 곁에 두고 싶은 공간들입니다.

미나미센주는 한층 더 조용하고 소박합니다. 예전에는 도쿄 외곽의 평범한 마을로 알려졌지만, 지금은 과거의 흔적 위에 저마다의 삶이 조용히 얹혀 있습니다. 낮에는 시장에서 장을 보고, 해 질 무렵엔 작은 술집에서 따뜻한 사케 한잔을 마시는, 삶의 리듬이 느껴지는 동네입니다.

북적이거나 반짝이지 않아도 오래도록 기억되는 거리. 기타센주와 미나미센주는 도쿄 안에서 가장 인간적인 온도를 가진 동네입니다.

산지 직송으로 신선한 복어 요리한 접시
토라후구 테이
とらふぐ亭

수조 안을 유영하던 복어가 숙련된 조리사의 손길 아래 얇고 정갈한 회로, 뜨끈한 전골로 다시 태어납니다. 대표 메뉴인 복어회와 복어 전골은 탱탱하면서도 부드러운 복어의 식감을 가장 잘 느낄 수 있는 요리예요. 은은하게 퍼지는 감칠맛, 입안에서 천천히 녹는 식감은 하루의 마무리로 충분합니다. 조명이 낮게 깔린 테이블석과 조용히 술잔을 기울일 수 있는 다다미 방, 그리고 개별실까지 갖춰 격조 있는 분위기예요. 니혼슈나 맥주와의 궁합도 만족스럽습니다.

INFO
- 월 17:00~23:30, 수~일 11:30~14:00, 17:00~23:30
- 화
- 5-38-3 Minamisenju, Arakawa-ku, Tokyo 116-0003
- 복어회, 복어 전골

탱탱하면서도 부드러운 식감!

구글맵

가츠오
牡蠣と燻屋 かつを

볏짚구이와 신선한 굴을 만날 수 있는 해산물 바

커다란 불길 속에서 음식이 익어가는 모습이 마치 불쇼처럼 시선을 사로잡는 곳입니다. 훈연 향이 가득한 한 접시가 눈앞에 놓이는 순간 입맛이 절로 돕니다. '와라야키'는 일본 고치현에서 전해 내려오는 전통 조리법으로, 볏짚을 태운 강한 불길에 재료를 빠르게 그을려 향을 입히는 방식입니다. 이 가게의 시그니처 메뉴는 '와라야키 가츠오 타타키'로, 겉면만 살짝 익힌 가다랑어 볏짚구이를 뜻합니다. 고치현에서 직송한 볏짚으로 가다랑어를 그을려 겉은 향긋하게 익고 속살은 여전히 촉촉하게 살아 있습니다.

굴 요리도 인기 메뉴 중 하나입니다. 제철 산지에서 엄선한 굴만 사용해 생굴, 찐굴, 구운 굴까지 다양하게 선보입니다. 계절마다 다른 맛을 즐길 수 있어 언제 찾아도 만족스럽습니다. 굴 요리에 처음 도전한다면 이곳에서 시작해보는 것을 추천합니다.

굴 요리는 전부 추천합니다.

INFO

- 월~금 17:00~23:30, 토·일·공휴일 전날 16:00~23:30
- 없음
- 41-4 Senjuasahicho, Adachi-ku, Tokyo 120-0026
- 와라야키 가츠오 타타키

구글맵

Bistro 2538

부담 없이 즐기는

친근함 넘치는 와인 비스트로

비스트로 2538

폭신한 치즈 오믈렛,
와인과 잘 어울려요!

격식을 갖춘 레스토랑이라기보다는 동네 사람들과 어울리는 친근한 와인 술집 같은 감성의 공간입니다. 이곳의 대표 메뉴는 무려 3일간 끓여낸 소고기 볼살 레드와인 조림으로, 숟가락으로도 쉽게 풀릴 만큼 부드러운 고기가 입안에서 녹아들며 진한 와인 향이 코끝을 감쌉니다.

주말과 공휴일에는 하루 100세트 한정 런치를 제공합니다. 전채 모둠과 빵 무제한, 미니 디저트까지 포함된 세트를 2,000엔 미만으로 즐길 수 있어 큰 인기를 끌고 있습니다.

와인 역시 빼놓을 수 없습니다. 잔에서 넘칠 듯 가득 따라주는 '나미나미 스파클링' 글라스 와인은 이곳에서 꼭 맛봐야 할 즐거움 중 하나입니다.

INFO

- 🕐 목 17:00~22:30, 금 17:00~23:00, 토 11:30~23:00, 일·공휴일 11:30~22:30
- 📅 화·수
- 📍 3-74 Senju, Adachi-ku, Tokyo 120-0034
- 👍 소고기 볼살 레드와인 조림

구글맵

158

퇴근 후 도쿄 사람들이 한잔 기울이는 곳

겐다야
元屋 北千住店

가족들을 데려가고
싶은 가게

멀리서도 눈에 띄는 붉은 간판 아래로 들어서면, 나무 테이블과 바가 놓인 깔끔한 목조 공간이 펼쳐집니다. 모락모락 피어오르는 불향과 함께 이곳의 자랑인 '츠쿠네(닭고기 완자)'가 황금빛 노른자와 곁들여져 부드럽게 입안에 퍼집니다.

소금, 소스, 명란 마요 등으로 맛을 낸 버전부터 짭짤한 버전까지, 매일 직접 손으로 빚어낸 다양한 츠쿠네는 하나하나 개성이 살아 있어 인기입니다. 근처 회사원들이 퇴근 후 편히 들러 한잔을 기울이는 단골 아지트로도 유명합니다.

INFO | 기타센주점

- 🕐 16:00~23:30
- 📍 1F Ookuma Building, 40-26 Senjuasahicho, Adachi-ku, Tokyo 120-0026
- 👍 츠쿠네

구글맵

가장 대중적인 이자카야 요리와
술을 즐길 수 있는 곳

네오반자이

大衆酒場ネオばんざい

INFO

- 월~목 18:00~24:00, 금·공휴일 전날 17:00~01:00, 토 13:00~01:00, 일·공휴일 01:00~23:00
- 없음
- 1-33-8 Senju, Adachi-ku, Tokyo 120-0034
- 유데 탄, 탄 스튜

구글맵

일본식 주먹밥인 오니기리 2종.

나무 테이블과 카운터가 놓인 레트로 감성 가득한 공간에서, 곳곳에 풍기는 깊은 맛과 향이 술과 함께 어우러집니다. 깔끔한 바 카운터부터 편히 둘러앉을 수 있는 테이블까지 다양한 좌석이 준비되어 있습니다.

대표 메뉴는 8시간 동안 부드럽게 끓여낸 '유데 탄(삶은 우설)'과 3일간 숙성시킨 데미그라스 소스의 '탄 스튜(우설 스튜)'입니다. 음료 구성도 매력적입니다. 2시간 동안 음료만 무제한으로 즐길 수 있는 코스, 평일 퇴근 시간 이후에만 이용할 수 있는 무제한 코스 등 실속 있는 옵션이 마련되어 있으며, 생과일 사워, 니혼슈, 맥주와 와인까지 폭넓게 갖추고 있습니다.

다트 바에서 술 한잔!
일본 직장인들의 2차 술자리가 궁금하다면

다트 업

INFO
- 월~일 17:00~05:00
- 없음
- 2F Sonou Building, 3-33-3 Senju, Adachi-ku, Tokyo 120-0034
- 다트 게임

구글맵

1차에서 배를 채운 뒤, 분위기를 바꿔 더 유쾌하게 놀고 싶어질 때가 있죠. 기타센주역 근처에서 많은 일본 직장인들이 찾는 곳이 바로 '다트 바'입니다. 그중에서도 대표적인 곳이 이곳 '다트 업'입니다. 넓고 캐주얼한 공간에는 다트 기계가 여러 대 놓여 있어, 술잔을 기울이며 자연스럽게 게임을 즐길 수 있습니다. 실력이 부족해도 전혀 부담 없고, 오히려 웃고 떠들며 가까워질 수 있다는 점이 매력입니다.

일본의 2차 술자리 문화를 경험하고 싶다면 이곳이 제격입니다. 음료의 경우 생맥주와 하이볼은 기본, 칵테일 메뉴도 다양하게 갖추고 있으며, 간단한 스낵류 안주도 준비되어 있어 가볍게 즐기기에 좋습니다.

Darts UP

스시와 생굴 맛집
낮부터 맥주를 부르는 곳

스시 에비스

寿司 牡蠣
北千住スシエビス

스시를 좋아한다면 그냥 지나치기 어려운 곳입니다. 간장에 절이거나 소금·식초로 숙성해 풍미를 더한 전통적인 에도마에 스시부터, 창의적인 롤 스시까지 하나하나 정성스럽게 만들어낸 초밥이 유쾌한 술자리의 시작을 열어줍니다.

이 가게의 또 다른 주인공은 바로 굴입니다. 사시미처럼 생굴로, 따뜻하게 쪄서, 혹은 바삭하게 튀겨서 계절마다 다양한 방식으로 선보이지만, 언제나 신선함이 가득합니다. 특히 생굴을 무제한으로 먹을 수 있는 생굴 무제한 코스는 해산물을 좋아하는 분들에게는 그야말로 천국 같은 구성입니다.

오후 6시 이전 해피아워에 방문하면 레몬 사워, 하이볼이 50엔부터 시작하니, 가볍게 들러 한잔 즐기기에도 부담이 없습니다.

구글맵

오후 6시 전,
해피아워에 방문하면
술이 50엔부터!

INFO
- 월~금·공휴일 전날 16:00~23:00, 토·일·공휴일 12:00~23:00
- 없음
- 1F, 2-65 Senju, Adachi-ku, Tokyo 120-0034
- 생굴 무제한 코스

165

04

아카바네

서민적인 이자카야 문화가 살아 있는 동네

아카바네는 도쿄의 중심에서 조금 벗어나 있지만, 그래서 더 진짜 도쿄 같습니다. 고층 빌딩도, 화려한 간판도 없지만 이곳에는 사람 냄새 나는 골목과 정 많은 술집, 그리고 하루를 무사히 보낸 이들을 위한 작고 따뜻한 위로가 있습니다.
역 앞 상점가는 언제나 활기찹니다. 야키토리를 굽는 냄새에 이끌려 발길을 멈추게 되고, 작은 호프집 안에서는 모르는 사람끼리도 금방 웃으며 술 한잔을 나눕니다. 이자카야의 문을 열면 '오카에리(어서 와)'라는 말이 반갑게 돌아옵니다. 그 소박한 한마디가 지친 마음을 풀어줍니다. 이 동네는 화려한 연출이나 겉치레보다 일상적인 자연스러움이 더 잘 어울리는, 꾸밈없고 진솔한 거리입니다. 오후 4시부터 시작되는 가벼운 술 한잔, 간단하지만 맛있는 안주, 그리고 사람들의 이야기가 만들어내는 따뜻한 풍경이 이곳의 일상입니다.
하지만 아카바네는 단순히 술 마시는 동네만은 아닙니다. 오래된 재래시장, 노포 빵집, 가족 단위로 운영하는 작은 가게들을 곳곳에서 찾아볼 수 있습니다. 그 무엇 하나 거창하지 않지만, 그래서 더 오랫동안 기억에 남는 곳. 매일을 성실히 살아가는 이들의 리듬이 이 동네를 더욱 단단하게 만듭니다.
도쿄의 북쪽 끝에서, 아카바네는 오늘도 변함없는 일상 속에서 묵직한 위로를 건넵니다. 아무것도 꾸미지 않아도 괜찮은 곳. 그래서 오히려 오래오래 머물고 싶은 동네입니다.

붉은 간판 아래
와인과 파에야로 채우는 저녁

테라테라 아카바네

INFO
- 월·수 11:30~14:30, 17:00~22:30, 금 11:30~14:30, 17:00~23:00, 토 11:30~15:00, 17:00~23:00, 일 11:30~15:00, 17:00~22:00
- 목
- 1F, 1-37-1 Akabane, Kita-ku, Tokyo 115-0045
- 해산물 파에야

구글맵

Tera-Tera Akabane

도쿄 북쪽 아카바네역 근처에는 작은 유럽 골목을 떠올리게 하는 가게가 있습니다. 스페인 감성을 담은 붉은 간판, 따뜻한 조명이 새어 나오는 창가, 문을 열면 반갑게 맞아주는 와인 향기까지. 정통 스페인 요리를 맛볼 수 있는 곳, 테라테라입니다. 이곳에서는 스페인산 생맥주와 다양한 글라스 와인을 즐길 수 있습니다.

런치 타임에는 1인용 파에야를 비롯해 이베리코 돼지고기 덮밥이나 부드러운 채소 카레로 하루를 시작할 수 있습니다. 저녁에는 파에야와 와인 한 잔으로 스스로를 대접하며 여유로운 시간을 보낼 수 있습니다. 지친 하루 끝, 고단한 마음을 풀고 싶다면 붉은 간판 아래서 스페인의 따뜻한 온기를 느껴보세요.

이베리코 생햄도 추천해요.

따뜻한 분위기의
작은 이탈리안 바

레체 아카바네

Retze Akabane

INFO | 아자부주반점
- 월~금 16:00~23:00, 토·일 13:00~23:00
- 없음
- 1-12-4 Akabane, Kita-ku, Tokyo 115-0045
- 트러플 달걀빵, 화덕 피자

구글맵

아카바네역에서 3분 거리, 레체는 정통 이탈리아 요리와 생맥주, 그리고 따뜻한 대화가 흐르는 동네 와인 바입니다. 500도 화덕에서 갓 구워낸 피자는 치즈가 쭉 늘어나며, 구수한 향과 함께 왠지 모르게 마음이 포근해지는 맛을 선사합니다.

새우 감바스의 은은한 마늘 향과 바삭한 빵 조각이 어우러지면, 그 한 입이 입안 가득 따뜻함을 남깁니다. 특히 트러플 향이 나는 부드러운 스크램블 에그가 올라간 '트러플 달걀빵'은 눈과 입 모두 만족시킵니다. 오래도록 곁에 두고 싶은 편안한 느낌을 이곳에서 찾을 수 있습니다.

따뜻한 분위기의 동네 와인 바.

171

INFO

🕛 12:00~02:00

🚫 없음

📍 1-18-5 Akabane, Kita-ku, Tokyo 115-0045

👍 평일 해피아워 센베로 메뉴

구글맵

Senbero Nikumareya Hanare

1,000엔으로 취하도록 마실 수 있는
동네 이자카야

센베로
니쿠마레야 하나레

'센베로'라는 일본어 단어가 있는데요, 1,000엔을 뜻하는 '센 엔'과 취한 모습을 나타내는 의태어 '베로베로'가 합쳐진 단어입니다. 1,000엔으로 기분 좋게 취할 수 있다는 뜻인데요. 아카바네의 서민적인 정체성과 잘 어울리는 단어이기도 합니다.

가게 이름에 '센베로'를 넣을 정도로 평일 오후부터 주말 늦은 밤까지 활기찬 스타일의 이자카야입니다. 숯불로 정성껏 구운 닭꼬치는 껍질부터 다리살 등 다양한 부위가 준비되어 있으며, 한 입 베어 물면 속이 꽉 찬 육즙과 숯불 향이 은은하게 퍼집니다.

돼지 간, 소 간 등 실험적인 메뉴도 있어 술잔 옆에 곁들이기 좋습니다. 평일 오후 해피아워 시간대에는 쿠폰도 활용할 수 있어 적은 예산으로 가볍게 즐기기에 딱입니다.

전통 방식으로 통째로 굽는
숯불 생선구이

긴메노도구로야
海鮮炉端焼き 金目のどぐろ屋

아카바네라고 서민적인 가게만 있는 것은 아닙니다. 지역 이미지와 언뜻 어울리지 않을 듯하면서도 조화를 이루는 고급 생선 전문점입니다. 고급스럽고 전통적인 일본식 공간으로 꾸며져 있고, 카운터석, 넉넉한 테이블, 완전 개별실까지 갖춘 이곳은 특별한 모임, 기념일, 접대에도 제격입니다.

이 가게의 대표 메뉴로는 전통 방식으로 숯불 위에 통째로 구워내는 '노도구로 구이(눈볼대 구이)'가 있습니다. 시마네 지역에서 직송된 신선한 노도구로(눈볼대)를 사용해서, 바삭한 껍질과 촉촉한 속살이 맛있는 조화를 이룹니다. 셰프가 직접 숯불에 굽는 과정을 지켜볼 수 있는 카운터 앞은 라이브 퍼포먼스 같은 재미도 있습니다.

INFO

- 월~금·공휴일 전날 17:00~22:30 토·일·공휴일 15:00~22:30
- 없음
- 1-38-8 Akabane, Kita-ku, Tokyo 115-0045
- 노도구로 구이

구글맵

오픈한 지 1년이 조금 넘은,
착한 가격과 푸짐한 구성의 닭 전문점

토리오　TORIOU

이곳은 아카바네역에서 단 1분 거리에 자리한 착한 가격과 푸짐한 구성으로 누구나 편하게 들를 수 있는 닭 요리 전문 이자카야입니다. 역 근처에서 끼니를 해결하고 싶을 때 생각나는 곳이기도 합니다.

낮에는 그릴 허브 치킨 정식과 오야코동(닭고기 달걀 덮밥) 등 건강한 정식 메뉴로 든든한 한 끼를, 저녁에는 음료 무제한 코스와 숯불에 노릇노릇 구운 닭꼬치를 즐길 수 있습니다. 무엇보다 오픈한 지 1년이 조금 넘어 깔끔한 가게 인테리어에서 편안하게 식사할 수 있습니다.

INFO
- 월~일 11:00~23:00
- 없음
- B1, 1-6-1 Akabanenishi, Kita-ku, Tokyo 115-0055
- 오야코동(닭고기 달걀 덮밥), 7종 모둠 꼬치
- '오야코동'은 점심 메뉴에만 있어요!

구글맵

닭고기 완자 꼬치인
'츠쿠네'도 추천!

일본식 쓰촨 요리를
즐기고 싶다면
말라에키

일본식 쓰촨 요리를 맛보고 싶을 때는 여기로 가세요. 정갈하면서도 활기 있는 공간이에요. 가장 인기 있는 메뉴는 훠궈입니다. 진한 마라 국물과 하얀 백탕을 나눠 담아 고기, 해산물, 야채 등 30여 가지 재료를 원하는 만큼 넣어 먹습니다. 얼얼한 향신료가 중독적인 맛이에요. 각 메뉴는 매운맛을 조절해 주문할 수 있어요. 매운 음식이 모두의 취향은 아니기에, 이를 조절할 수 있도록 한 배려가 돋보입니다. 마파두부 같은 한 그릇 메뉴도 매운맛을 조절할 수 있어요. 매운 것에 자신 없어도 맛있는 퓨전 쓰촨 요리를 부담 없이 즐길 수 있습니다.

Mala-eki

매운맛을 조절해 주문할 수 있어요!

INFO

- 월~일 11:00~15:00, 17:00~23:00
- 없음
- B1, 1-9-12 Akabaneminami, Kita-ku, Tokyo 115-0044
- 훠궈, 마파두부

구글맵

조용히 식사하고 싶을 때, 전 좌석이 개별실인 이자카야

하레루야
晴れる屋 赤羽店

전 좌석이 개별실로 되어 있는, 부담 없이 들어서기 좋은 편안한 분위기의 이자카야입니다. 아카바네에 들러 모험하지 않고 바로 맛있는 가게를 찾고 싶을 때, 또는 조용히 식사하고 싶을 때 찾으면 언제 가도 실망하지 않는 곳입니다. 신선한 해산물 요리가 주문 즉시 조리됩니다. 푸짐한 생선회, 히노키 향 가득한 구이 요리들을 특히 추천합니다. 대화에 집중하며 식사와 술을 즐기기에 좋은 곳입니다.

다양한 안주 메뉴들이 있어요!

INFO | 아카바네점

- 월~금·공휴일 전날 16:00~24:00, 토·일·공휴일 12:00~24:00
  (사전 예약제 12:00~16:00)
- 5F, 1-14-1 Akabane, Kita-ku, Tokyo 115-0045
- 모듬 생선회

구글맵

PART 3.

전통과 현대가 공존하는
역사와 문화의 중심지

Heritage - Rooted in flavor.

도쿄 도심

01 닌교초・스이텐구마에
02 간다・진보초
03 가구라자카・이이다바시
04 다이몬・하마마츠초
05 요츠야・이치가야

01

닌교초
×
스이텐구마에

에도 시대의 정취가 남아
오래된 가게와
로컬 시장이 있는 동네

도쿄 한복판인데도 이곳에 오면 마치 과거로 잠시 발걸음을 옮긴 듯한 기분이 듭니다. 닌교초와 스이텐구마에, 이 두 동네는 에도 시대의 숨결이 아직 살아 있는 도쿄 안의 작은 시간 여행지입니다.
닌교초라는 이름은 예부터 인형 장인들이 모여 살던 거리에서 유래했습니다. 지금도 그 흔적은 남아 있습니다. 장인의 손길이 느껴지는 요릿집, 내내로 이어져 온 일본식 과자 가게, 그리고 노포에서 은은히 풍겨오는 간장 냄새. 번화가에서는 좀처럼 느낄 수 없는 정겨움이 이 거리에 가득합니다.
스이텐구마에 주변은 조금 더 조용하고 단정합니다. 오랜 세월 지역을 지켜온 신사와 정성스럽게 차려낸 점심을 파는 정식집, 이웃들과 눈인사를 나누는 작은 카페들. 이곳의 일상은 느리고 소박합니다. 하지만 그 속에 담긴 온도는 유난히 따뜻합니다.
요즘은 이 정취에 매료된 젊은 로컬들이 하나둘 모여들고 있습니다. 로컬 재료로 만든 수제 햄버거 바, 작지만 감성 가득한 카페까지. 오래된 것과 새로운 것이 다정하게 공존하는 방식. 그것이 닌교초와 스이텐구마에만의 매력입니다.
이곳은 '볼거리'보다는 '머물고 싶은' 동네입니다. 빠르게 소비되는 장소가 아니라 천천히 스며드는 풍경. 그런 시간의 결을 알고 싶은 사람에게 닌교초는 오늘도 천천히, 조용히 문을 열어줍니다.

버거 마니아 사이에서
입소문을 탄 수제 버거의 성지

브라더즈

BROZERS' Ningyocho

겉을 바삭하게 구운 번,
육즙이 살아 있는
촉촉한 패티.

INFO | 닌교초 본점
- 🕐 11:00~21:30
- 🚫 없음
- 📍 2-28-5 Nihonbashiningyocho, Chuo-ku, Tokyo 103-0013
- 👍 베이컨, 달걀프라이, 치즈, 파인애플이 들어간 롯트(LOT) 버거, 민트 맥주

구글맵

도쿄 수제 버거 신의 선구자이자 여전히 견고한 팬층을 자랑하는 브라더즈. 그중에서도 닌교초 본점은 처음 문을 연 2000년대 초반부터 지금까지 꾸준히 사랑받아온 곳입니다.

클래식한 미국풍 다이너 인테리어의 매장에서 완성도를 자랑하는 햄버거를 한 입 먹어보면 왜 이곳이 '버거 마니아의 성지'로 불리는지 단번에 이해할 수 있습니다.

흔히 햄버거가 패스트푸드로만 여겨지는 시선에서 벗어나 제대로 된 요리로 느껴지게 하는 곳입니다. 햄버거 외에도 핫도그, 디저트까지 메뉴가 다양하고, 취향대로 토핑을 추가해 나만의 버거를 만들어 먹는 재미도 있습니다.

유기농 원두만 사용하는
햇살 가득한 호주 감성의 카페

바이론베이 커피

バイロンベイコーヒー

도쿄 도심 한복판, 닌교초 골목을 걷다 보면 작은 여유가 풍겨나오는 호주 감성의 카페가 보입니다. 이름 그대로 이곳은 호주 뉴사우스웨일스주의 해변 도시 '바이론베이'에서 온 커피 브랜드입니다.
호주 바이론베이의 햇살과 자연을 담은 듯한 밝고 따뜻한 분위기, 그리고 정직한 커피 맛이 이 카페를 특별하게 만듭니다. 바이론베이 커피는 유기농 원두만 사용하며, 바리스타의 정성 어린 핸드드립과 라떼 아트로도 유명합니다. 라떼는 부드럽고 고소하며 아이스 플랫화이트도 진한 풍미가 살아 있어 커피 애호가들에게 인기가 많습니다. 아침이나 이른 오후, 여유로운 시간이 필요할 때 들러 한 잔의 커피와 함께 책을 읽거나 조용히 일하기도 좋습니다.

부드럽고 고소한
아이스 라떼!

구글맵

INFO | 닌교초점

- 월~금 09:00~19:00
- 토·일
- 1F, 9-4 Nihonbashitomizawacho, Chuo-ku, Tokyo 103-0006
- 플랫화이트

PARKLET BAKERY

**맛있는 빵과 기분 좋은 채광,
아침부터 찾고 싶은 베이커리**

파크렛
베이커리

인기 메뉴인
아보카도 토스트!

오늘 하루를 좀 더 따스하게 시작하고 싶다는 생각이 들 때, 채광 좋은 이 베이커리를 찾아가보세요. 파크렛 베이커리는 미국 샌프란시스코 출신의 오너가 직접 운영하며, 천연 발효종을 사용하는 카페 겸 베이커리입니다. 매장은 귀여운 느낌으로 다양한 색감의 인테리어 소품을 멋지게 배치해 두었습니다. 빵 하나하나에 깃든 정성과 풍미도 잊을 수 없습니다. 올리브와 허브가 가득 들어간 빵, 달콤한 시나몬롤, 아보카도 토스트까지 어떤 것을 골라도 실망하지 않습니다. 특히 주말에는 줄을 서야 할 만큼 인기가 많습니다. 커피 한 잔과 함께 갓 구운 빵을 테이크아웃해 바로 앞 공원 벤치에 앉아 먹는 것도 이곳을 즐기는 좋은 방법입니다. 도심 속에서도 잠시 따뜻한 감성과 맛있는 시간을 누릴 수 있는, 한동안 마음에 남을 만한 작은 쉼표 같은 공간입니다.

INFO

- 수~금 08:30~18:00, 토~화 08:30~22:00
- 없음
- 1F, 14-7 Nihonbashikobunacho, Chuo-ku, Tokyo 103-0024
- 아보카도 토스트, 바닐라 캐슈버터 토스트

구글맵

닌교초에서 30년간 사랑받는 전통의 이탈리안 다이닝

일 마레 블루

Il Mare Blue

닌교초역과 스이텐구마에역 사이의 조용한 골목 안쪽, 마치 지중해의 작은 레스토랑을 그대로 옮겨놓은 듯한 이탈리안 다이닝입니다. 1997년 오픈해 현지 사람들의 사랑을 끊임없이 받고 있습니다. '일 마레 블루(Il Mare Blue)'는 '푸른 바다'를 뜻합니다. 이름처럼 푸른 바다의 기운을 머금은 이곳에서는 신선한 해산물 요리를 중심으로 한 정통 이탈리안 메뉴를 즐길 수 있습니다. 매일 아침 셰프가 직접 고른 재료로 만든 요리들은 담백하면서도 풍미가 깊으며, 플레이팅에서도 정성이 느껴집니다.

대표 메뉴인 새우 토마토 파스타와 라자냐는 손님들 사이에서 맛으로 이미 유명한 메뉴입니다. 와인 셀렉션도 잘 갖춰져 있어 요리에 맞는 와인을 추천받아 함께 곁들이면 더없이 완벽한 식사가 됩니다.

1997년부터 한결같은 맛!

INFO

- 월~토 11:00~14:30, 18:00~23:00
- 일
- 1-8-2 Nihonbashiningyocho, Chuo-ku, Tokyo 103-0013
- 새우 토마토 파스타, 라자냐

구글맵

`정갈한 샤브샤브`

`한 상 차림`

닌교초 다니자키
にんぎょう町 谷崎

가게 문을 열고 들어서면 마치 문학 작품의 한 장면 속으로 들어온 듯한 기분이 듭니다. 이곳의 일식 요리는 섬세하고 절제된 아름다움을 지니고 있습니다. 계절마다 바뀌는 식재료와 정성스럽게 준비된 코스, 점심 정식에는 한 접시 한 접시에 계절과 시간을 담아냅니다. 특히 생선 요리와 제철 채소를 활용한 조리법은 전통을 따르면서도 현대적인 감각이 느껴집니다. 미소 된장 하나도, 작은 반찬 하나도 허투루 나오지 않고 정갈하게 차려져 있어 마음까지 편안해집니다. 고요하고 정중한 분위기에서 천천히 음식을 음미하고 싶은 날, 다니자키에서 느긋한 저녁을 보내며 하루를 마무리해보세요.

많은 메뉴가 있지만
샤브샤브를 추천!

INFO
- 화~금 11:00~14:00, 17:00~22:00
- 월·토·일
- 2F, 1-7-10 Nihonbashiningyocho, Chuo-ku, Tokyo 103-0013
- 샤브샤브 정식

구글맵

부드러운 완탕면과
홍콩 딤섬 다이닝

만요켄 万葉軒

만요켄은 닌교초 거리 한켠에서 아시아의 깊은 풍미를 조용히 전하고 있는 곳입니다. 간판에는 간결하게 '완탕면&홍콩 딤섬'이라고만 적혀 있지만, 이곳 음식들에는 놀라울 정도로 정교한 맛들이 숨어 있습니다. 완탕면은 진한 육수에 매끄럽고 쫄깃한 면발, 부드러운 새우 완자가 조화롭게 어우러집니다. 한 입 먹는 순간 따뜻하고 깊은 맛이 몸 전체로 퍼지는 느낌이 듭니다. 딤섬은 하나하나 정성스럽게 빚은 수제 스타일로, 마치 홍콩의 로컬 식당에 온 듯한 기분을 느끼게 합니다. 다양하면서도 퀄리티 높은 메뉴 구성에 놀라게 됩니다. 점심에는 정갈한 세트 메뉴로, 저녁에는 다양한 딤섬과 함께 가볍게 맥주 한잔을 즐기기 좋습니다. 부담 없이 들렀다가 어느새 마음을 붙이게 되고, 단골이 되어버리는 그런 곳입니다.

모든 메뉴가 다 맛있어요!

INFO
- 월·수~일 11:00~23:00
- 화
- 1F, 3-7-10 Nihonbashiningyocho, Chuo-ku, Tokyo 103-0013
- 새우 완탕면, 딤섬

구글맵

숙성 우설과 호르몬을 즐길 수 있는
일본식 야키니쿠 전문점

다테노쿠라
伊達のくら

다테노쿠라는 정성스럽게 숙성시킨 우설과 신선한 호르몬을 중심으로 일본식 야키니쿠를 맛볼 수 있는 고기 전문점입니다.
특히 대표 메뉴인 숙성 우설은 한 입 베어 무는 순간 부드러움과 감칠맛이 입안 가득 퍼지며 감탄을 자아냅니다. 얇게 저며 정갈하게 구워내는 고기마다 정성이 느껴집니다.
반 오픈 키친이어서 고기 굽는 소리와 그 냄새가 식욕을 자극합니다. 우설뿐만 아니라 신선한 호르몬, 여러 특수 부위를 다양하게 맛볼 수 있는 모듬 구성도 인기입니다. 친구들과의 활기찬 모임에 가장 잘 어울리는 곳입니다.

후식 냉면도
꼭 드셔보세요

INFO

- 월~목 11:30~14:00, 17:00~23:00, 금 11:30~23:00, 토~일 12:00~22:00
- 없음
- 2-11-5 Nihonbashiningyocho, Chuo-ku, Tokyo 103-0013
- 숙성 우설, 호르몬 모듬

구글맵

02

간다 × 진보초

중고 서점과
오래된 카레 맛집이 가득한,
헌책과 카레의 거리

간다와 진보초는 도쿄 안에서도 특별한 리듬을 지닌 동네입니다. 높은 빌딩 사이로 오래된 책방이 줄지어 있고, 길모퉁이마다 카레 향이 은근하게 퍼집니다. 시간의 틈 사이로 오래된 책들과 카레 향이 천천히 스며듭니다.

진보초는 '헌책의 거리'라는 별명이 가장 잘 어울리는 곳입니다. 고서점만 무려 100여 곳에 달합니다. 문학, 예술, 역사, 철학까지…. 낡은 종이 냄새가 가득한 책장 사이에서 누구나 한 번쯤은 마음을 흔드는 책과 마주하게 됩니다. 절판된 명저, 메모가 가득한 참고서, 향수를 불러일으키는 철 지난 잡지까지. 책을 좋아하는 이들에겐 이 거리 자체가 하나의 거대한 도서관입니다.

그리고 이곳에는 또 하나의 명물이 있습니다. 바로 카레입니다. 그중에서도 40년, 50년 된 노포들이 지켜온 클래식한 일본식 카레는 진보초의 또 다른 얼굴입니다. 일본식 카레 안에서도 여러 갈래가 있는데, 진보초에서는 특히 카레 소스에 바삭한 튀김을 얹은 대중적인 일본 가정식 카레부터, 버터, 크림, 와인을 사용해 깊고 부드러운 맛을 내는 유럽풍 카레를 모두 맛볼 수 있습니다.

간다는 오피스가 많아 한층 더 조용하고 정제된 분위기를 갖고 있습니다. 출판사와 인쇄소가 밀집한 이 지역은 지식과 활자가 흐르던 예전의 공기를 고스란히 간직하고 있습니다. 그래서인지 이 동네를 걷다 보면 괜스레 더 사색적으로 변합니다. 낯선 책의 제목에 시선을 멈추고, 오래된 찻집에서 조용히 시간을 흘려보냅니다.

진보초와 간다는 화려하지 않습니다. 하지만 그만큼 깊고, 진한 매력이 있습니다. '트렌디'보다는 '클래식' 하게 살아가는 이들은 지금도 이 골목을 향해 조용히 발걸음을 옮깁니다.

카레 마니아들의 성지,
진보초에서도 유명한 터줏대감

본디 카레
欧風カレー ボンディ 神保町本店

밥 위에 버터를 얹고,
감자에 카레를
찍어 먹어요.

INFO | 진보초 본점
- 월~일 11:00~22:00
- 없음
- 2F, 2-3-3 Kanda Jinbocho, Chiyoda-ku, Tokyo 101-0051
- 비프 카레에 치즈 토핑 추가

구글맵

진보초의 헌책방 거리, 그 구석구석을 걷다 보면 문득 향신료 향이 코끝을 스칩니다. 은은하게 퍼지는 그 향에 이끌려 고개를 돌리게 되는 가게는 바로 '본디'입니다. 이곳은 1978년부터 같은 자리를 지켜왔으며, 인도식 카레와 다르게 프랑스식 데미글라스 소스와 버터나 우유 등을 베이스로 한 진하고 부드러운 카레인 일본 유럽풍 카레라는 장르를 확립한, 말 그대로 진보초 카레계의 터줏대감입니다. 버터와 생크림을 듬뿍 넣어 만든 진한 카레 소스는 부드럽고 깊은 맛이 일품인데, 입안에 퍼지는 고소함과 은은한 매운맛의 조화가 인상적입니다. 식전에 감자와 버터를 따로 내주는 것도 이곳만의 매력 포인트. 밥 위에 녹인 버터를 얹고, 감자에 카레를 찍어 먹습니다. 가장 인기 있는 메뉴는 비프 카레. 카레에 대한 진심이 느껴지는 깊고 진한 맛 덕분에 식사 시간에는 긴 줄이 생기지만, 기다릴 가치가 충분해요. 참, 이곳은 현금 결제만 가능하다는 점, 꼭 기억해두세요.

SANKOUEN Gyoza

한 입 베어 물면 퍼지는
교자의 풍미

산코엔 교자

이곳의 시그니처 메뉴는 단연 교자입니다. 노릇하게 구워진 얇은 피를 한 입 베어 물면 겉은 바삭하고, 안에는 육즙이 가득 배어 있습니다. 고기와 야채의 조화가 절묘하게 어우러지며, 씹을수록 입안 가득 퍼지는 고소한 풍미가 잔잔한 감탄을 자아냅니다.
기름지지 않고 담백해 몇 개를 연달아 먹어도 질리지 않습니다. 또 하나의 인기 메뉴는 '니라 소바(부추 국수)'입니다. 담백한 간장 베이스 국물에 부추의 향긋함이 더해져 중독성 있는 맛을 자랑합니다. 쓸긋한 변발과 함께 호로록 먹다 보면 어느새 그릇이 비어버릴지도 모릅니다. 식사 시간대에는 대기줄이 있을 수 있으니, 조금 이른 시간에 방문하는 것을 추천합니다.

INFO
- 월~금 11:00~2:00, 일 11:00~22:00
- 토
- 1-13 Kanda Jinbocho, Chiyoda-ku, Tokyo 101-0051
- 교자, 니라 소바

구글맵

인기 메뉴인
니라 소바!

'스페어리브'로 기억되는 진보초의 이탈리안

쿠오레 도로

INFO
- 월 17:30~22:00, 화~토 11:30~13:30
- 일
- 2F, 1-14-16 Kanda Jinbocho, Chiyoda-ku, Tokyo 101-0051
- 스페어리브

Cuore d'oro

진보초는 골목골목 어떤 가게를 만날까 기대되는 재미가 있는 거리입니다. 이 가게도 역시 한 블록 들어간 골목길에 숨어 있어요. 이곳을 찾는 이유는 단연 '스페어리브'입니다. 스페어리브는 뼈가 붙은 돼지갈비를 양념에 조려낸 요리로, 고기의 부드러운 식감과 진한 풍미가 일품이에요. 이곳의 스페어리브는 오랜 시간 부드럽게 조려져 향신료의 풍미를 머금고 있어요. 스테이크로 먹을 수도 있고, 카레와 함께 즐길 수도 있죠. 고기 한 점, 밥 한 숟갈마다 정성이 느껴집니다. 이탈리아 요리 전문점답게 파스타 역시 놓칠 수 없는 메뉴예요.

구글맵

Mr.Happy

고기와 생선 요리 모두 맛있는
진보초 이자카야

미스터 해피

INFO
- 월~일 17:00~23:30
- 없음
- 1F, 1-4-4 Kanda Jinbocho, Chiyoda-ku, Tokyo 101-0051
- 우설 카레, 로스트 비프

구글맵

치즈 플레이트 등
다양한 안줏거리!

조용한 진보초 거리 한가운데, 감각적인 분위기 속에서 니혼슈를 제대로 즐길 수 있는 이자카야가 있어요. 진보초에서 "오늘 어디 갈까?" 고민될 때 가장 먼저 떠오르는 곳이 될 거예요. 오픈 키친에서 바로 구워내는 고기 요리, 신선한 해산물 안주, 그리고 엄선된 전국 각지의 니혼슈까지. 특히 니혼슈는 근처 가게 중에서도 손에 꼽힐 정도로 매우 다양하게 갖춰져 있습니다. 친구와 가볍게 한잔 나누기에 더없이 잘 어울리는 곳입니다.

일본 각지의 된장을 맛볼 수 있는
전통 가옥 속 이자카야

미소테츠 카기로이
味噌鐵 カギロイ

INFO

- 월~금 17:00~23:00, 토 16:00~23:00
- 일·월
- 3-20 Kanda Ogawamachi, Chiyoda-ku, Tokyo 101-0052
- 돼지 삼겹살 된장구이

구글맵

각종 채소와 함께 입맛을 살리는 맛된장.

50년 된 일본 전통 가옥을 개조해 만든 공간이에요. 오래된 목재와 따뜻한 조명이 어우러진 고즈넉한 분위기에서, 전국 각지의 다양한 된장을 활용한 요리를 즐길 수 있는 특별한 이자카야입니다. 화학조미료 등 몸에 좋지 않은 것은 최대한 사용하지 않는다는 오너의 고집이 담겨 있어요. 흑모와규 철판구이와 바삭한 생선구이는 술안주로 제격이고, 맛된장은 채소와 함께 입맛을 돋워줘요. 흑모와규는 와규의 한 종류로, 고베규·마츠자카규처럼 프리미엄 와규를 뜻합니다. 10종 이상의 사케와 계절 요리의 궁합도 뛰어납니다. 된장으로 이렇게 깊은 맛을 낼 수 있다니, 놀라실 수도 있어요!

신선한 말고기 사시미,
일본에서 특별히 맛보세요!

바카우마
馬肉料理専門店 馬鹿うま

INFO
- 월~금 11:30~14:00, 18:00~22:00
- 토·일
- 104-2, Kanda Ogawamachi Heights, 1-7 Kanda Ogawamachi, Chiyoda-ku, Tokyo 101-0052
- 말고기 모둠, 말고기 샤브샤브

구글맵

신선도 높은 말고기 사시미.

말고기를 제대로 즐길 수 있는 이자카야입니다. 일본에서는 소고기 사시미보다 말고기 사시미를 더 자주 먹는데요. 생고기인 만큼, 품질이 좋은 고기를 골라 먹는 것이 중요합니다. 이곳은 말고기 전문점으로, 신선도와 맛 모두에서 타협하지 않습니다. 처음 방문했다면 5종 부위 모둠을 추천드립니다. 적당히 마블링된 등심, 붉은 속살, 희귀한 특수 부위까지 골고루 구성되어 있습니다. '말고기 샤브샤브'나 '하카타식 백된장 모츠나베(곱창전골)'도 꼭 함께 즐겨보세요. 따끈한 국물이 속까지 편안하게 데워줍니다.

211

입에 넣는 순간 부드럽게 녹는
숙성 와규 전문 야키니쿠

숙성 와규 야키니쿠
에이징 비프 와테라스

Aging Beef Waterras

와테라스 아넥스 건물 2층에 자리한 이곳은 30일 이상 숙성시킨 와규만을 고집하는 숙성 고기 전문 야키니쿠 레스토랑입니다. 마블링이 예술인 고기를 철판 위에서 구울 때 퍼지는 향만으로도 입안에 침이 고이고, 입에 넣는 순간 부드럽게 녹는 식감은 꼭 경험해볼 만합니다. 숙성 고기만의 깊은 맛은 누구에게나 추천하고 싶습니다. 야키니쿠 가게는 다소 투박하다는 편견을 깨줄 정도로, 세련된 인테리어가 돋보입니다. 테이블석은 물론 카운터석도 마련되어 있어 혼자 방문하기에도 좋습니다.

숙성 와규의
부드럽고 깊은 맛.

INFO
- 월~금 11:30~15:00, 17:00~23:30, 토·일 11:30~23:00
- 없음
- WATERRAS Annex 2F, 2-105 Kanda Awajicho, Chiyoda-ku, Tokyo 101-0063
- 숙성 특수 부위 5종 모둠 세트

구글맵

03

가구라자카
×
이이다바시

프랑스 사람들이 자리를 튼 도쿄 속 작은 유럽

신주쿠와 이이다바시 사이, 언덕을 따라 천천히 걸어 올라가다 보면 어느새 낯설고도 익숙한 풍경이 펼쳐집니다. 가구라자카, 일본의 정취와 프랑스의 감성이 은근히 뒤섞인 이 거리는, 마치 도쿄 속에 숨어 있는 작은 유럽 같습니다.

과거에는 게이샤들이 오가던 화려한 전통 유흥가, 이른바 꽃마을이었습니다. 지금도 옛 골목과 돌계단 사이에는 전통 찻집이 남아 있으며, 해질 무렵이면 조용히 등불이 켜집니다. 골목 위에는 프렌치 레스토랑과 와인 바가 자연스럽게 자리 잡아, 일본과 프랑스 두 감성이 서로를 방해하지 않고 조화롭게 흐릅니다.

가구라자카에는 프랑스 학교와 문화원이 있어, 프랑스어가 일상처럼 들리기도 합니다. 그래서일까요. 이곳에는 책과 음악, 와인에 애정이 깊은 사람들이 모입니다. 골목 안쪽의 소규모 갤러리, 낡은 문을 지닌 북카페, 클래식 음악이 흐르는 작은 비스트로. 그 무엇도 과장되지 않은 우아함으로 조용한 존재감을 발합니다.

이이다바시 쪽은 일상적인 모습에 좀 더 가깝습니다. 강을 따라 산책하기 좋은 공원과 로컬 시장, 그리고 이자카야와 캐주얼한 카페들이 옹기종기 모여 있습니다. 도심 한복판이지만, 어깨에 힘을 빼고 하루를 보내기에 딱 알맞은 분위기입니다.

가구라자카와 이이다바시는 특별히 볼거리가 많은 관광지는 아닙니다. 하지만 남다른 감각을 가진 사람들이 꾸준히 찾는 데에는 그만한 이유가 있습니다. 여행하기 좋은 곳이라기보다는 여기서 살고 싶다는 생각이 절로 드는 거리입니다. 가볍게 걷기에도, 오랫동안 머물기에도 참 좋은 곳입니다.

도심 속 운하에서 느긋하고 여유로운 시간

카날 카페
Canal Cafe

> 물결을 바라보며 여유를 즐기는 시간.

이이다바시역 바로 옆, 신주쿠 가구라자카 외곽 운하에 자리한 이곳은 과거 도쿄의 수상 레저·사교 클럽을 현대적으로 재해석한 공간입니다. 탁 트인 목조 데크와 운하를 따라 늘어선 수변 테라스는 도시의 소음을 잊게 하고, 마치 해외 리조트에 온 듯한 여유를 선사합니다. 커피, 젤라토, 피자, 파스타, 음료와 술까지 다양하게 즐길 수 있습니다. 봄에는 벚꽃이, 다른 계절에는 잔잔한 운하 풍경이 펼쳐집니다. 하루 중 어느 순간에도 감각이 깨어나는 특별한 공간입니다.

INFO
- 월~토 11:30~22:00, 일 11:30~21:30
- 없음
- 1-9 Kagurazaka, Shinjuku-ku, Tokyo 162-0825
- 토마토 파스타

구글맵

Akha Ama Coffee

태국 치앙마이의 향을
도쿄에서 느끼다

아카 아마 커피

태국 치앙마이 아카족 마을에서 시작된 유기농 스페셜티 커피 로스터리의 첫 해외 매장이 바로 이곳입니다. 고요한 오후를 보내고 싶을 때, 나무 테이블과 큰 창 너머의 거리 풍경은 마음을 편안하게 정돈해줍니다. 핸드드립 커피는 태국에서 로스팅한 원두를 바로 다음 날 공수해 와서 만드는데, 신선하고 향이 오래 남습니다. 특히 당근 케이크는 호두가 듬뿍 들어 있으며, 글루텐 프리 스콘이나 비건 브라우니 같은 디저트도 인기가 많습니다. 커피의 지속 가능성을 실현하려는 경영 철학 또한 이곳의 매력을 더해줍니다.

치앙마이의 향기를 느낄 수 있는 카페.

INFO

- 월~일 08:00~19:00
- 없음
- 1-25 Akagi Motomachi, Shinjuku-ku, Tokyo 162-0817
- 당근 케이크

구글맵

WEEKENDERS COFFEE All Right

구글맵

책과 커피가 함께 어우러지는 북카페

위켄더스 커피 올라이트

가구라자카역 바로 앞, '카모메 북스'라는 서점 안에 자리한 조용한 카페입니다. 교토의 유명 로스터리인 '위켄더스 커피' 원두로 내린 커피는 향이 진하면서도 부드럽습니다. 덴마크 스타일 가구와 노출 콘크리트가 어우러진 실내는 혼자 책을 읽으며 시간을 보내기에 안성맞춤입니다. 서가에는 독립 출판물이 주를 이루는데, 여행과 건축을 주제로 한 아기자기한 사진 위주의 책이 많아 일본어를 몰라도 즐길 수 있습니다.

여행과 건축 주제의 책이 많아요!

INFO
- 월·화, 목~일 11:00~20:00
- 수
- 123 Yaraicho, Shinjuku-ku, Tokyo 162-0805
- 카페 라떼

프랑스산 화이트 브릭 오븐으로
만들어내는 '겉바속촉' 요리

플람므 플람므

INFO
- 화·목·토 12:00~15:00, 17:00~23:00, 수·금 17:00~23:00
- 월·일
- 2F Yamanouchi Bldg, 3-2-15 Kagurazaka, Shinjuku-ku, Tokyo 162-0825
- 오믈렛, 모둠 채소구이

구글맵

flamme flamme

가구라자카의 고즈넉한 골목에 자리한 이곳은, 350도 이상의 고온으로 생선, 채소, 고기를 구워내는 오븐 비스트로입니다. 내화성이 뛰어난 흰 벽돌로 만든 특수한 전통 화덕인 프랑스산 화이트 브릭 오븐을 사용해요. 겉은 바삭하고 속은 촉촉하게 익은 재료 본연의 맛이 입안 가득 살아납니다. 유럽 감성의 오픈 마켓을 닮은 생기 넘치는 공간에서 요리사의 퍼포먼스를 가까이서 볼 수 있는 카운터석, 창밖 풍경이 내려다보이는 창가 테이블까지 다양한 분위기를 즐길 수 있습니다. 특별한 날의 저녁이나 느긋한 오후 런치에 어울리는 공간으로, 오븐에서 구워낸 요리를 중심으로 한 코스는 어느 계절에 방문해도 만족스러울 것입니다.

차분한 아지트 같은

이탈리안 바

라 프로슈테리아

파스타는 굵은 면을
사용해, 식감이 좋고
소스와 잘 어울려요.

INFO
- 월·수~금 17:00~23:00, 토 16:00~23:00, 일 13:00~22:00
- 화
- 1F, 2-11-7 Kagurazaka, Shinjuku-ku, Tokyo 162-0825
- 생햄, 파스타

구글맵

프랑스 식당이 가득한 가구라자카에서 만난, 아지트 같은 이탈리안 바입니다. 이탈리아 본토에서 들여온 생햄, 정성 가득한 파스타와 풍부한 치즈 플래터, 그리고 와인까지 즐길 수 있습니다. 현지에서 수입한 이탈리아 정통 생햄은 그 자리에서 바로 점원이 직접 슬라이스해 제공하며, 기름기 적고 부드러운 맛이 와인 한 잔과 함께 입안에서 사르르 녹습니다. 작은 테이블이 아담하게 배치된 공간은 와인과 함께 대화를 즐기기에 더없이 좋은 분위기를 만들어줍니다.

La Prosciutteria

프랑스 가정식의
소박한 온기를 담아낸 비스트로

비스트로 플랜 쿨

Bistro Plan Cool Tokyo

조용한 골목 안에 자리한 아담하고 단정한 프렌치 비스트로입니다. 프랑스 가정식의 소박한 온기를 담아낸 공간으로, 점심에는 햄버그·오므라이스·수프 같은 요리가 준비됩니다. 저녁에는 고기와 생선 요리, 그리고 와인을 즐길 수 있으며, 하루를 차분히 마무리할 수 있습니다. 화이트 톤의 인테리어와 부드러운 조명 아래, 오래 머물고 싶은 따뜻한 테이블이 기다리는 비스트로입니다.

구글맵

INFO

- 월·화·토 12:00~15:00, 18:00~22:00, 목·금 17:30~22:00
- 수·일
- 2F, 2-66 Hoshodo Bldg, Kagurazaka, Shinjuku-ku, Tokyo 162-0825
- 두껍게 썬 로스트 포크, 버섯 크림 파스타

옛 가옥을 품은 공간에서
셰프 추천 계절 가이세키와 엄선된 사케를!

와쇼쿠비요리 오사케토

和食日和 おさけと 神楽坂

INFO
- 월~토 11:30~14:00, 17:00~22:30
- 일
- 6-8 Kagurazaka, Shinjuku-ku, Tokyo 162-0825
- 노도구로 구이

구글맵

오래된 가옥을 온전히 리노베이션한 이곳은 '신주쿠 가구라자카에 내 취향의 단골집 같은 가게를 만든다'라는 오픈 당시의 콘셉트 그대로, 고급 재료로 만든 월별 가이세키 코스와 소믈리에 자격을 가진 오너 셰프가 직접 고른 50종 이상의 사케가 만나는 곳입니다. '노도구로(눈볼대) 구이' 같은 생선구이와 정성 가득한 메인 요리, 그리고 제철 런치 코스도 준비되어 있습니다. 일본 각지의 사케를 맛볼 수 있다는 것도 특징으로, 특정 지역에서만 마실 수 있는 술이 이곳에 모여 있으니, 꼭 방문해보세요!

04

다이몬 × 하마마츠초

도쿄 타워가 가까이 보이는 숨은 맛집의 거리

다이몬과 하마마츠초는 언뜻 보면 그저 오피스 빌딩이 늘어선 비즈니스 거리처럼 보입니다. 하지만 조금만 들여다보면 이곳에는 도쿄의 또 다른 얼굴이 숨어 있습니다. 점심시간이면 줄이 길게 늘어서는 노포들, 퇴근 후 조용히 들를 수 있는 아담한 이자카야, 그리고 눈을 들면 보이는 도쿄 타워. 빛나는 건물들 사이로 따뜻한 온기가 피어나는 동네입니다.

하마마츠초는 직장인들의 루틴 속에 녹아 있는 작은 위안 같은 곳입니다. 퀄리티 높은 샌드위치를 파는 카페, 생선구이 정식으로 유명한 오래된 식당. 화려하지는 않지만, 하나하나 정성이 담긴 공간들이 조용히 자리하고 있습니다.

다이몬 쪽으로 걸음을 옮기면 좀 더 전통적인 도쿄가 보입니다. 절과 신사가 군데군데 자리 잡고 있고, 좁은 골목 안에는 세월이 느껴지는 스낵바와 일품요리 식당이 숨어 있습니다. 도쿄 타워가 가까이에서 반짝이는 이 풍경 속에서 낮과 밤의 온도차가 묘하게 어우러집니다.

이곳은 관광객보다 '도쿄에 살고 있는 사람들'이 더 많이 찾는 동네입니다. 출근길과 퇴근길 사이, 익숙한 일상 속의 거리입니다. 그래서일까요, 다이몬과 하마마츠초는 도쿄에서 가장 '생활감 있는' 미식 골목이라 불릴 만합니다. 도쿄 타워를 배경으로, 오늘도 누군가는 이 거리에서 조용히 마음을 풀고 갑니다. 번화가의 소음에서 한 걸음 물러선, 그런 따뜻한 숨결이 이곳에는 있습니다.

Jaho Coffee Roaster & Wine Bar

INFO

- 월~금 07:30~22:00, 토·일 08:00~21:00
- 없음
- 5-29-11 Shiba, Minato-ku, Tokyo 105-0014
- 핸드드립 커피

구글맵

넓은 통창 너머로
보이는 나무들.

정성 가득한 핸드드립 커피와
와인을 함께 즐길 수 있는 곳

자호 커피 로스터 &
와인 바

도심 비즈니스 지구 속에서 마치 작은 오아시스를 만난 듯한 느낌을 주는 곳입니다. 미국 보스턴의 스페셜티 커피 브랜드 '자호(Jaho)'의 일본 매장으로, 넓은 통창 너머 녹음이 풍성하게 보여, 도심 속에서도 여유를 느끼기에 충분해요. 커피는 자가 로스팅한 원두를 사용하고 있고, 저녁 시간대에는 와인과 커피 바가 공존하는 공간으로 변합니다. 일상 속에서 가볍게 와인을 곁들이며 하루를 정리하기 좋습니다.

커피와 디저트로 채우는
하루의 여백

__이즈 라이프
__IS LIFE

한국 관련 소품들.

도심 속 조용한 주택가에 자리한 '이즈 라이프'는 커피 한 잔, 케이크 한 조각의 여유를 즐길 수 있는, 작지만 확실한 행복을 나눌 수 있는 카페입니다. 이 카페는 양질의 원두로 만든 플랫화이트와 달콤한 카라멜 바나나 케이크를 먹으며, 잠시 세상의 속도를 내려놓고 여유를 즐길 수 있는 시간을 선사합니다. 약 10팀 정도를 수용할 수 있는 아늑한 공간은 혼자 집중하고 싶을 때는 물론, 친구와 느긋하게 수다를 나누기에도 알맞습니다. 한국인이 운영하는 곳이라 가게 곳곳에는 한국과 관련된 소품들이 숨어 있어 발견하는 재미도 있습니다.

INFO
- 월~금 08:30~17:00, 토·일 10:00~17:00
- 없음
- 1F, 2-8-13 Shiba, Minato-ku, Tokyo 105-0014
- 카라멜 바나나 케이크

구글맵

도쿄 타워를 눈앞에서 볼 수 있는
럭셔리 중식당

유메이덴
中國料理 陽明殿

 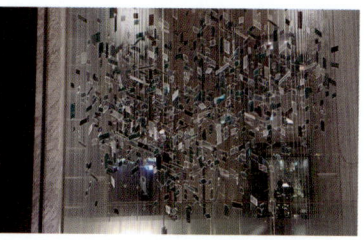

도쿄 타워 바로 아래, 프린스 파크 타워 호텔 지하 1층에 위치한 홍콩 요리 전문 레스토랑입니다. 높은 천장과 세련된 인테리어는 마치 홍콩 영화 세트장을 연상시킵니다. 메뉴에는 고급 식재료를 아낌없이 사용한 '샥스핀 스테이크', 칠리소스로 버무린 새우 요리인 '대왕새우 칠리' 등 대표적인 광둥 요리가 포함되어 있습니다. 또한 셰프와 소믈리에가 함께 선보이는 '페어링 디너'도 정기적으로 열리는데, 와인과 중식의 조화가 요리의 풍미를 한층 고급스럽게 끌어올려 줍니다. 특별한 데이트에도 잘 어울리는 공간입니다.

와인과 함께하면 더욱 고급스러운 홍콩 요리.

구글맵

INFO
- 월~일 11:30~14:30, 17:00~21:30
- 없음
- 1F, 2-8-13 Shiba, Minato-ku, Tokyo 105-0014
- 계절에 따라 바뀌는 디너 코스 요리

237

뜨겁게 구워내는
나폴리 스타일 화덕 피자

PST 히가시 아자부

PST Higashi Azabu

INFO
- 월~금 17:00~22:00, 토·일 12:00~14:30, 17:00~21:00
- 없음
- 1-24-6 Higashiazabu, Minato-ku, Tokyo 106-0044
- 마르게리타 피자, 치즈와 생햄 플레이트

미쉐린 빕 구르망을 4년 연속 수상한 다마키 셰프의 나폴리 피자 전문점입니다. 480도의 화덕에 단 한 번만 넣어 구워내는 방식 덕분에, 겉은 바삭하고 불향을 품은 반죽은 씹을수록 유연하면서 짭짤한 감칠맛이 살아납니다. 특히 카운터석에 앉는 것을 추천드립니다. 주문 즉시 반죽이 피자로 완성되어 가는 과정을 눈앞에서 지켜보는 것 또한 즐거움이 됩니다. 쫄깃한 화덕 피자의 맛 덕분에 인기가 많아 웨이팅이 길 수 있습니다.

구글맵

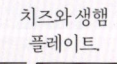
치즈와 생햄 플레이트

짚불향 가득한 요리와 술 한잔,
짚불로 구워낸 '와라야키'를 즐기는 밤

와라야키야 료마노토

Warayakiya Ryoma No Tou Hamamatsucho

하마마츠초역에서 가까운 이곳은 고치 지역의 전통 요리인 '와라야키(짚불구이)'를 메인으로 한 이자카야입니다. 이는 짚을 태운 불로 재료를 겉만 강하게 그슬려 조리하는 고치 지역의 전통 방식입니다. 숯불보다 불길이 훨씬 높고 강렬해서, 겉은 불향이 강하게 입고 속은 거의 날것처럼 촉촉하게 남는 것이 특징입니다. 대표 메뉴는 '가츠오 타타키(가다랑어 짚불구이)'로, 활활 타오르는 짚불 위에서 즉석으로 구워내기 때문에 표면은 불향이 가득하고 속살은 촉촉합니다. 한 입 베어 물면 감칠맛과 향이 깊게 퍼집니다. 와라야키와 잘 어울리는 고치 지역의 니혼슈도 다양하게 준비되어 있어요. 불향 가득한 요리와 향기로운 술 한잔이 어우러지는 밤, 하마마츠초에 간다면 꼭 들러볼 만한 곳입니다.

가리비구이도 별미!

INFO

- 월~토 16:00~23:00
- 일
- 201 Bldg, 2-1-7 Hamamatsucho, Minato-ku, Tokyo 105-0013
- 가츠오 타타키

구글맵

하마마츠초의
수제 맥주 & 훈연 요리 바

하마마츠초 키친

Hamamatsucho Kitchen

가게 문을 열면 가장 먼저 눈에 들어오는 것은 길게 늘어선 수제 맥주 기계들입니다. 엄선된 12종의 수제 맥주가 조명 아래에서 목마른 이들을 조용히 부릅니다. 메뉴판을 넘기면 고기와 해산물 요리가 차례로 등장합니다. 특히 훈연 요리는 이곳의 자랑입니다. 치즈, 달걀, 고기, 생선 등 일상적인 재료가 훈연의 시간을 거쳐 전혀 다른 감칠맛으로 거듭납니다. 밝은 분위기가 기분까지 좋게 만들어, 하마마츠초에서 약속이 있을 때 가장 먼저 떠오르는 공간입니다.

수제 맥주와 잘 어울리는 안주들.

INFO
- 월~금 17:00~23:30, 토·일 15:00~23:30
- 없음
- B1F, 1-30-11 Hamamatsucho, Minato-ku, Tokyo 105-0013
- 훈연 6종 모둠 세트

구글맵

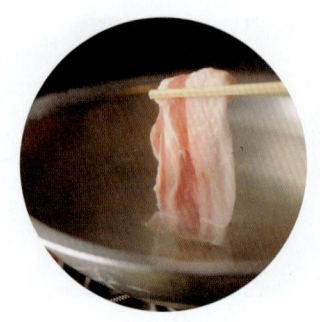

하카이산 사케와 함께 정갈한 요리를 즐길 수 있는 곳

에치고 사카보 하카이산
越後酒房 八海山 浜松町本店

니가타현에서 온 프리미엄 사케 브랜드 '하카이산(八海山)'의 이름을 내건 이 이자카야는 그 명성만큼 정갈하고 진심 어린 요리로 손님을 맞이합니다. 우드톤으로 꾸며진 따뜻한 공간은 마치 눈 덮인 산속 오두막처럼 고요하고 아늑한 분위기를 자아냅니다. 그래서 자리에 앉는 순간 마음이 차분하게 가라앉고, 술잔을 들기 전부터 왠지 모르게 편안한 기분이 듭니다.

메뉴에는 된장 베이스의 샤브샤브, 니가타 지방 명물인 메밀국수 '헤기 소바', 숙성 돼지고기 요리처럼 술과 잘 어울리는 구성이 준비되어 있습니다. 하카이산 양조장에서 직접 들어오는 10종 이상의 '순미 사케(純米酒)'는 쌀·물·누룩만으로 빚어 첨가물이 없는 것이 특징입니다. 깊고 구수한 풍미가 살아 있어 계절별 요리와 함께 즐기면 더욱 잘 어울려요. 한 모금 넘길 때마다 요리와 술이 서로의 맛을 끌어올리며, 더 특별한 맛을 경험할 수 있게 해줍니다.

니가타 지방 명물인 메밀국수 '헤기 소바'.

INFO | 하마마츠초 본점
- 월~일 16:00~23:30
- 없음
- 4F, 2-1-20 Hamamatsucho, Minato-ku, Tokyo 105-0013
- 헤기 소바

구글맵

05

요츠야
×
이치가야

조용한 신사와 클래식한 분위기가 돋보이는 도심 속 힐링 공간

도쿄 한복판에 있으면서도 이만큼 조용하고 차분한 기운을 간직한 동네는 흔치 않습니다. 도심의 빠른 리듬에서 살짝 벗어나 마음의 속도를 조절할 수 있는, 마치 여백 같은 공간이지요.
요츠야는 오래된 신사와 교회, 그리고 클래식한 학교 건물이 어우러진 동네입니다. 길을 걷다 보면 고요함 가운데 성당의 종소리가 울리고, 붉은 단풍이 내려앉은 거리를 산책하는 노부부의 뒷모습이 마치 영화의 한 장면처럼 느껴집니다. 이곳의 시간은 늘 한 박자 느리게 흐릅니다.
이치가야는 물가를 따라 펼쳐지는 풍경이 인상적입니다. 강 위를 유유히 떠다니는 보트, 봄날 벚꽃이 흐드러지는 산책길, 언덕 위 대학 캠퍼스의 고즈넉함이 어우러져 있습니다. 빌딩 숲 사이로 숨은 정원, 골목 안쪽의 클래식한 찻집과 서점은 조용히 자리하고 있습니다.
요츠야와 이치가야는 번화가에서 고작 몇 정거장 떨어졌을 뿐인데도 분위기는 전혀 다릅니다. 무언가를 소비하기보다는 그저 머물고 이 거리 자체를 바라보는 시간이 많은 동네지요. 그래서 혼자 걷기에도, 누군가와 나란히 걷기에도 잘 어울립니다.
화려하고 번잡한 도쿄에서 중심을 잃지 않는 법. 요츠야와 이치가야는 그 균형을 알고 있는 동네입니다. 빠르게 움직이던 일상에서 잠시 숨을 고르고 싶을 때, 조용한 오후에 이 거리를 그저 바라보기만 해도 충분합니다.

PASSAGE COFFEE ICHIGAYA

에어로프레스 챔피언의 손끝에서 완성되는 스페셜티 커피

패시지 커피

에어로프레스로 내린 커피.

도심 속 도로를 걷다 문득 마주하게 되는 이 카페는 일상의 작은 여정에서 특별한 커피 한 잔을 권한다는 의미를 담은 공간입니다. 붉은 벽돌 건물 안쪽으로 들어서면 따뜻한 나무빛이 감도는 내부가 손님을 반깁니다. 이곳에서는 에어로프레스 세계 챔피언 출신 바리스타가 직접 로스팅한 원두로 내린 에스프레소와 핸드드립을 즐길 수 있습니다.

혼자 조용히 집중하기에도 좋고, 가벼운 대화를 나누기에도 좋은 곳입니다. 유모차 출입이 가능해 가족 단위 방문객에게도 열려 있는 카페입니다.

INFO

- 월~금 07:30~18:00, 토~일 09:00~18:00
- 없음
- 1F, Ichigaya Cross Place, 2-7-15 Ichigayatamachi, Shinjuku-ku, Tokyo 162-0843
- 에어로프레스로 내린 커피

구글맵

오사카의 활기를 느낄 수 있는 기분 좋은 이자카야

기타신치 토리야

Kitashinchi Toriya Ichigaya

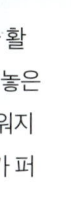

이치가야역에서 도보 3분. 유쾌한 환대로 밤마다 활기를 띠는 이곳은 도쿄 속에 오사카의 흥을 옮겨 놓은 듯합니다. 가게에 들어서는 순간 숯불 위에서 구워지는 닭꼬치의 구수한 향과 직원들의 활기찬 인사가 퍼집니다.

대표 메뉴는 '치킨 파이탄 나베'. 진하게 끓여낸 하얀 닭육수가 속까지 따뜻하게 데워주며, 숯향 가득한 야키토리와 오사카 스타일 꼬치가 함께 술을 계속 부르는 곳입니다.

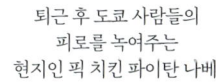

퇴근 후 도쿄 사람들의 피로를 녹여주는 현지인 픽 치킨 파이탄 나베.

INFO

- 월~금 17:00~23:00, 토 15:00~22:00
- 일
- 2F, Matsushita Bldg, 1-2 Ichigayatamachi, Shinjuku-ku, Tokyo 162-0843
- 치킨 파이탄 나베

구글맵

도쿄에서 맛보는 큐슈,
모츠나베와 규슈 사케

겐지
九州酒場 げん次

규슈 지역에서만 볼 수 있는
술을 맛볼 수 있는 기회!

INFO
- 월~일 16:30~23:30
- 없음
- 2F·3F, Totsuka Bldg, 1-2-1 Ichigayatamachi, Shinjuku-ku, Tokyo 162-0843
- 멘타이코 모츠나베

구글맵

이곳은 마치 규슈 어딘가의 시골집에 초대받은 듯한 안락함을 줍니다. 메뉴는 후쿠오카 명물 '멘타이코 모츠나베(명란 곱창전골)'부터 사츠마 지역의 연근튀김, 구마모토 지역의 소시지까지 각 지역의 특색이 살아 있는 요리를 선보입니다. 특히 멘타이코 모츠나베는 얼큰하면서도 깊은 감칠맛이 일품으로, 함께 끓여낸 야채와 두부가 국물에 감싸여 속까지 따뜻하게 데워줍니다. 또 규슈 각지의 진귀한 사케와 소주 등, 술이 다양하게 준비되어 있어 요리와 함께 곁들이면 작은 '규슈 여행'을 떠나는 기분을 만끽할 수 있습니다.

Fukunotori Ichigaya Sotoboridori

퇴근 후 야키토리,
단골들로 늘 붐비는 곳

후쿠노토리
소토보리도리

큰 도로에서 조금 들어가 지하로 내려가면, 분주한 거리의 소음은 순식간에 사라지고 작은 야키토리 가게가 나타납니다. 이곳의 자랑은 단연 숯불 위에서 정성껏 구워내는 닭꼬치, '야키토리'입니다. 주문 즉시 바비큐처럼 퍼지는 불향이 공간을 가득 채우고, 짭조름하면서도 촉촉한 식감이 입안을 즐겁게 합니다. 점심에는 치킨난반 정식이나 카레라이스가 준비되어 있어 합리적인 가격에 한 끼를 든든하게 즐길 수 있습니다. 편안하게 대해주는 점원들 덕분에, 마치 친구 집에 온 듯 마음이 따뜻해지는 곳이에요. 그래서인지 이곳은 야키토리와 술을 즐기러 오는 단골들로 늘 붐빈답니다.

삶은 닭고기에 특제 마라 소스를 듬뿍 얹은 '요다레도리'.

INFO
- 월~금 11:30~14:00, 17:00~23:00
- 토·일
- B1, 1-1 Ichigayatamachi, Shinjuku-ku, Tokyo 162-0843
- 모둠 숯불 꼬치구이

구글맵

PIZZERIA TRATTORIA

느긋하고 여유로운 저녁,
테라스에서 피자 한 조각

피제리아 트라토리아 니타나

INFO
- 월~일 11:30~22:00
- 없음
- 1F, 6 Sakura Terrace, Ichigayafunagawaramachi, Shinjuku-ku, Tokyo 162-0826
- 루콜라 피자

구글맵

NITTANA

신선한 재료로
만든 요리들.

이이다바시와 이치가야 사이 도로를 걷다 보면 붉은 간판이 반겨줍니다. 문을 열고 들어서면 갓 구워낸 피자의 향이 은은하게 퍼지며 입맛을 당깁니다. 석쇠 오븐에서 바삭하게 구운 피자는 겉은 바삭하고 속은 쫄깃한 식감을 자랑합니다. 계절마다 준비되는 시즈널 메뉴들과 직접 만든 수제 파스타, 그리고 신선한 재료로 선보이는 특선 메뉴가 식탁 위를 풍성하게 채웁니다. 테라스석에 앉으면 온화한 조명과 강가의 뷰가 어우러져 마치 도심 속 작은 오아시스 같은 평온함을 느낄 수 있습니다. 테이블 간 간격도 넓어 편안히 머물 수 있다는 점도 매력입니다.

El Chiringuito

**벽 한쪽을 가득 채운 와인이
눈길을 끄는 스페인 요리 전문점**

엘 치링기토

스페인 현지에서 먹는 파에야 맛.

스페인 말라가에서 현지 음식을 배운 셰프가 운영하는 작은 가게입니다. 벽 한쪽을 희귀한 와인 보틀로 채워두어 구경하는 재미도 있습니다. 특히 이곳에서는 파에야를 추천합니다. 해산물 믹스, 오징어 먹물, 새우 등 바다의 맛을 그대로 담아내 깊은 풍미를 선사합니다. 스페인 와인을 중심으로, 일본에서 흔히 접하기 어려운 와인까지 준비되어 있어, 와인을 좋아하는 분들의 마음을 단번에 사로잡는 곳입니다. 아담한 좌석 규모 덕분에 친구와 와인잔을 기울이며 조용히 이야기를 나누기 좋은 곳입니다.

INFO

- 화~목 11:30~14:00, 17:00~23:00, 월·금·토 17:00~23:00
- 일
- 1F, 12-1 Garden Terrace Ichigayahachiman, Shinjuku-ku, Tokyo 162-0844
- 오징어 먹물 파에야

구글맵

257

Toroppo

조용히 시간을 보내고 싶을 때 찾는
깊은 골목 안 와인 바

토로포

3종의 전채요리 메뉴.

구글맵

이치가야역에서는 다소 거리가 있고, 오히려 우시고메야나기초역이 더 가까운 작은 와인 바 '토로포'는 조용한 밤, 와인과 식사를 즐기고 싶은 이들에게 반가운 공간입니다. 혼자서도 부담 없이 들를 수 있고, 카운터석에서는 오너와 기분 좋은 대화를 나누며 편안한 시간을 보낼 수 있습니다. 이곳의 셰프가 자랑하는 시그니처 메뉴는 부드럽고 고소한 '지토리(닭) 테린'과 매일 달라지는 '오늘의 생면 파스타'입니다. 와인 리스트에는 레드와 화이트, 스파클링 모두 고루 갖추어져 있어, 어떤 와인 취향을 가지고 있어도 문제없습니다. 조금 조용히 시간을 보내고 싶을 때, 혹은 가볍게 기운을 얻고 싶을 때, 잔잔히 마음을 채워주는 곳으로 도쿄 사람들은 이곳을 찾습니다.

INFO
- 월~토 17:30~23:00
- 일
- 70-9 Granmamma, Ichigayayakuojimachi, Shinjuku-ku, Tokyo 162-0063
- 오늘의 생면 파스타

TOKYO'S PICK

부록

📍 요즘 도쿄
꿀템 & 히든 스폿

TOKYO's PICK

현지인이 사랑하는 도쿄 목욕탕 추천

도쿄에서 목욕탕에 가본 적 있으신가요? 여행 중에는 평소보다 훨씬 더 많이 걷게 되지요. 그만큼 몸의 피로도 쉽게 쌓입니다. 도쿄에는 동네 사람들이 매일 찾는 작은 목욕탕부터 천연 온천까지, 목욕탕 문화가 잘 발달해 있어요. 동네 목욕탕에 가면 현지인의 생활을 가까이서 느낄 수 있답니다. 이번에는 도쿄에서 남녀노소 누구나 사랑하는 목욕탕을 소개합니다. 따뜻한 물에 몸을 푹 담그고 나오면, 다음 날 다시 도쿄를 탐험할 힘이 자연스럽게 차오를 거예요.

1　마츠모토유 松本湯

목욕탕 마니아인 지인들도 여럿 추천하는, 도쿄 서쪽 지역에 있는 인기 목욕탕입니다. 시부야, 롯폰기 인근을 여행 예정이라면 꼭 방문해 보세요. 냉탕, 온탕, 중간탕, 그리고 이벤트 탕(특별한 재료를 넣어 그날만 운영하는 탕)까지 다양한 구성이 마련되어 있습니다. 리노베이션을 거쳐 깔끔하고 청결한 시설도 매력적이에요. 사우나도 놓치지 마세요!

INFO
요금 성인 550엔, 중학생 300엔, 어린이 200엔
영업 월~수·금·토 14:00~24:00, 일 08:00~12:00, 15:00~24:00
휴무 목
주소 5-29-12 Higashinakano, Nakano-ku, Tokyo 164-0003

> 목욕탕

2. 사야노유도코로
前野原温泉 さやの湯処

도쿄 북쪽 이타바시구에 위치한 전통 온천입니다. 이곳을 위해 일부러 찾아갈 만큼 만족도가 높은 곳이에요. 하늘을 보며 여유를 즐길 수 있는 노천탕은 물론, 훈증막과 사우나도 갖추어져 있습니다. 현지 사람들이 피로를 풀러 오는 로컬 온천답게 분위기가 편안해요. 타투 커버 전용 스티커를 판매해 타투가 있는 분들도 입장할 수 있습니다. 목욕 후에는 식당에서 맥주 한 잔을 곁들여보세요. 단, 주말은 혼잡하고 요금이 더 비싸니 평일 방문을 추천합니다.

INFO
요금 월~금 성인 930엔, 어린이 600엔, 토·일 성인 1,300엔, 어린이 900엔
영업 월~일 09:00~24:00
휴무 없음
주소 3-41-1 Maenocho, Itabashi-ku, Tokyo 174-0063

3. 코가네유 黄金湯

킨시초 지역을 "목욕탕의 명소"로 널리 알린 곳입니다. 1932년에 문을 열어 오랜 역사를 자랑하며, 2020년 리뉴얼 후에는 젊은 세대에게도 큰 인기를 끌고 있어요. 탕 안에서는 스카이트리를 바라볼 수 있고, 로컬 아티스트의 벽화가 세련된 분위기를 더합니다. 목욕 후 마시는 오리지널 생맥주가 특히 인기예요. 타투를 가리지 않아도 입장 가능한 드문 목욕탕이며, 대기 인원을 관리하기 위해 90분 시간 제한이 있습니다.

INFO
요금 성인 550엔, 중학생 400엔, 어린이 200엔
영업 월~금·일 06:00~09:00, 11:00~24:30, 토 06:00~09:00, 15:00~24:30
휴무 없음
주소 4-14-6 Taihei, Sumida-ku, Tokyo 130-0012

4 코스기유 小杉湯

이곳은 무엇보다도 '밀크탕'으로 유명한 곳입니다. 우유를 넣어 뽀얗게 빛나는 탕은 몸을 노곤하게 풀어주고, 냉탕과 온탕을 번갈아 즐기면 피로가 금세 풀려요. 코엔지 골목 안에 자리한 동네 목욕탕이라 단골이 많은데, 모두가 매너를 잘 지켜 항상 깨끗한 환경이 유지됩니다. 홈페이지에서 이벤트 탕 캘린더를 확인하고 방문하면, 어떤 특별탕이 준비되어 있는지 미리 알 수 있어 더 즐겁습니다.

INFO
요금 성인 550엔, 중학생 200엔
영업 월~수·금 14:00~01:30, 토·일 08:00~01:30
휴무 목
주소 3-32-17 Koenjikita, Suginami-ku, Tokyo 166-0002

5 만넨유 万年湯

신오쿠보 코리아타운에 있는 목욕탕입니다. 동네 사람들이 자전거 타고 목욕하러 오는, 로컬 느낌 물씬 나는 곳이지요. 샴푸와 바디워시가 모두 비치되어 있어, 가볍게 들렀다 가기도 좋습니다. 기분 전환 하기에 딱 좋은 곳입니다.

INFO
요금 성인 550엔, 어린이 200엔
영업 월~금·일 15:00~24:00
휴무 토
주소 1-15-17 Okubo, Shinjuku-ku, Tokyo 169-0072

목욕탕

6	류센지노유
	竜泉寺の湯 八王子みなみ野店

도심에서 멀리 떨어져 있지만, 2024년 도쿄 목욕탕 랭킹 1위를 차지한 곳이라 빼놓을 수 없습니다. 규모가 매우 커서 한국의 대형 찜질방을 떠올리게 해요. 식당, 휴식 공간, 코워킹 스페이스까지 갖추어져 있어 리모트 근무자들이 찾아오기도 합니다. 탄산탕, 사우나, 노천탕까지 다양하게 마련되어 하루 종일 보내기 충분한 시설이에요.

INFO
- **요금** 월~금 성인 950엔, 어린이 300엔, 토·일 성인 1,100엔, 어린이 300엔
- **영업** 월~일 06:00~03:00
- **휴무** 없음
- **주소** 3505 Katakuramachi, Hachioji, Tokyo 192-0914

TOKYO's PICK

일본 전국의 쌀,
솥밥 키트를 만날 수 있는

쌀 편집 숍 아코메야
AKOMEYA

대합 오차즈케 키트 **750엔**
하마구리 다시차즈케 はまぐりの出汁茶漬け
지바현산 대합(하마구리)과 다시 국물이 들어 있는 차즈케용 키트. 밥은 포함되지 않으며, 집에서 지은 밥 위에 올린 뒤 따뜻한 물이나 국물을 부어 간편하게 즐길 수 있다.

닭 솥밥 키트 **648엔**
아지노카오미세 토리 가마메시 味の顔見世 鶏釜めし
교토산 닭다리살과 국산 재료(부나시메지=쫄깃한 시메지버섯, 우엉=고소한 뿌리채소, 에린기, 당근, 표고버섯, 생강)가 들어 있는 솥밥용 소스 키트(2인분, 약 300g 기준). 쌀은 포함되지 않고, 씻은 쌀과 함께 밥솥이나 냄비에서 지으면 본격 닭고기 솥밥이 완성된다.

게 솥밥용 소스 **1,890엔**
다키코미 고항 소스 카니메시 炊き込みごはんの素 蟹めし
홍게(紅ずわいがに)의 다리살과 게살을 아낌없이 사용한 솥밥용 소스 키트(2인분, 약 300g 기준). 씹는 맛 좋은 다리살이 전체의 70% 이상을 차지하며, 얕은 간장으로 간을 맞춰 게 본연의 감칠맛을 살렸다. 쌀은 포함되지 않고, 집에서 밥과 함께 지으면 전문점 같은 게 솥밥을 즐길 수 있다.

'감사합니다' 메시지 쌀 800엔

메시지미 아리가토 メッセージ米（ありがとう）

감사의 마음을 담은 쌀. 시마네현 이이난초에서 재배한 코시히카리를 사용한 소포장 진공팩(2인분, 300g). 포장 라벨에 'ありがとう(감사합니다)'라는 메시지가 새겨져 있어, 선물이나 메시지 카드 대신 전하기 좋은 인기 상품.

인기 품종 쌀 '코시히카리' 800엔

코시히카리 コシヒカリ

일본을 대표하는 인기 품종의 쌀. 아코메야에서는 니가타 우오누마 지방 등 전국의 산지별 코시히카리를 판매하며, 소용량 진공팩(2인분, 약 300g)이 대표적이다.

달걀밥 전용 소스 200ml/724엔

다마고카케고항 소스 卵かけご飯のたれ

일본해에서 잡은 노도구로(아카무츠)와 도비우오의 말린 멸치를 우려낸 다시에 옅은 간장을 더한 달걀밥 전용 소스. 밥 위에 달걀을 올린 뒤 뿌려 먹으면 달걀맛이 더욱 살아난다.

아코메야 유기 간장 250ml / 830엔

아코메야 유기 쇼유 アコメヤの有機醤油

유기 대두와 유기 밀을 사용해 목제 통(木桶)에서 숙성시킨 오가닉 간장. 깊고 부드러운 풍미가 특징이다.

미소시루용 배합된장 150g / 350엔

아와세미소 合わせみそ

신슈미소(나가노 지방에서 만든 쌀누룩 된장)를 기본으로, 다른 된장을 배합해 만든 아와세미소(배합 미소). 각각의 맛이 조화를 이루어 부드럽고 균형 잡힌 풍미를 내며, 일본 가정에서 가장 많이 쓰이는 된장이다. 특히 호박, 고구마, 무, 감자, 두부, 미역 등을 넣은 일상적인 미소시루(된장국)에 두루 활용된다.

TOKYO's PICK

위스키 쇼핑,
돈키호테 말고 여기 가세요

M 긴자 위스키 박물관

도쿄 쇼핑 아이템으로 위스키는 빠질 수 없는 존재입니다. 선물용으로도 인기가 많아 돈키호테나 면세점에서도 쉽게 살 수 있지요. 하지만 도쿄에서 위스키를 제대로 즐기며 구매하고 싶다면, M 긴자 위스키 박물관을 추천합니다.

이곳에서는 익숙한 제품부터 레어 위스키까지 한자리에서 둘러보고 구입할 수 있습니다. 위스키 박물관이라는 이름대로 산토리를 비롯해 일본 내 유통되는 대부분의 위스키를 접할 수 있어요. 위스키에 관심 있다면 꼭 들러보셔야 할 곳입니다.

▶ 위스키, 이렇게 즐겨보세요 ◀

먼저, 위스키를 어떻게 즐기면 좋을지 간단히 알려드릴게요.

스트레이트 Straight
위스키 본연의 향과 맛을 가장 잘 느낄 수 있는 방식입니다. 작은 글라스에 조금 따라 한 모금씩 천천히 음미해보세요.

하이볼 Highball
일본에서 가장 대중적인 방식입니다. 위스키에 탄산수를 섞어 시원하게 마시는 스타일로, 이자카야 어디서나 볼 수 있습니다.

온더록 On the Rock
얼음과 함께 마시면 알코올의 자극이 부드러워져 초보자도 부담 없이 즐길 수 있습니다. 얼음이 녹으며 맛이 점점 변하는 것도 매력이지요.

미즈와리 水割り, 물과 1:1
위스키 도수가 부담스럽다면 물을 반쯤 섞어 보세요. 향이 훨씬 부드러워지고, 식사와 함께 마시기도 좋습니다.

▶▶ 대표적인 일본 위스키 소개 ◀◀

금액은 공식 홈페이지 기준 희망 소비자 가격입니다.
시세가 변동될 수 있으니, 구매 시 매장 가격을 확인하세요.

야마자키 山崎

부드러운 맛과 캐러멜 같은 달콤한 여운이 특징입니다. 숙성 연도에 따라 맛과 가격이 달라집니다.

일반:	12년:	18년:	25년:
7,000엔	15,000엔	55,000엔	360,000엔

하쿠슈 白州

하쿠슈 지역 증류소에서 생산된 제품으로, 비 오는 숲속 향을 닮았다고 표현됩니다. 과일향, 스모키함, 달콤함이 균형 있게 어우러져 호불호가 적습니다.

일반:	12년:	18년:	25년:
7,000엔	15,000엔	55,000엔	360,000엔

치타 知多

은은한 단맛과 가벼운 목넘김이 특징입니다. 입문자에게도 부담 없는 일본식 위스키입니다.

일반: 6,000엔

히비키 響

야마자키·하쿠슈·치타 증류소 원액을 블렌딩한 프리미엄 위스키입니다. 이름 그대로 '울림'을 의미하며, 자연·사람·시간의 조화를 담고 있습니다. 산토리 창립 90주년을 기념해 출시되었습니다.

가쿠빈 角瓶

이자카야에서 자주 듣는 '가쿠하이(가쿠빈+하이볼)'의 주인공입니다. 숙성 기간은 짧지만 가성비 좋은 위스키로, 일상적으로 즐기기 좋습니다.

일반: 1,910엔

하모니:	21년:	30년:
7,500엔	55,000엔	360,000엔

TOKYO's PICK

돈키호테, 편의점보다 실속 있는
도쿄의 마트를 소개합니다

돈키호테도 좋지만, 현지인들이 매일 찾는 슈퍼마켓에 가보면 훨씬 실속 있고 다양한 상품을 만날 수 있어요. 여행 중 간단히 먹을 도시락이나 과일, 기념품으로 가져갈 식료품까지 한자리에서 해결할 수 있답니다.

1 라이프 Life

일본 전역에 300개 이상의 지점을 운영하는 대형 슈퍼마켓 체인이에요. 도쿄 도심 곳곳, 특히 역 주변이나 쇼핑센터 안에 많아서 접근성이 좋습니다. 신선한 채소와 과일은 물론, 생활용품까지 구비되어 있어 여행 중 필요한 걸 한 번에 해결할 수 있지요. 믿을 수 있는 품질과 합리적인 가격 덕분에 도쿄 사람들이 애용하는 마트랍니다.

쇼핑

2 서밋 Summit

도쿄와 수도권 지역에서 흔히 볼 수 있는 마트예요. 특히 델리 코너가 유명해서, 갓 만든 도시락과 반찬들을 저렴하게 맛볼 수 있는 곳입니다. 매장 안에 식사 공간이 마련된 곳도 있어, 쇼핑하다가 바로 점심이나 간단한 식사를 해결하기에 딱 좋아요.

>>>>>>>

3 하나마사 Hanamasa

'고기 하면 하나마사'라는 말이 있을 정도로, 품질 좋은 고기를 저렴하게 살 수 있는 곳이에요. 도쿄 시내 곳곳에 지점이 있고, 24시간 운영하는 매장도 많아서 여행자에게 특히 편리합니다. 대량 포장 상품이 많아 현지 음식점을 운영하는 사람들도 자주 이용하는데, 일반 소비자도 부담 없이 구입할 수 있어요. 여행 중 숙소에서 간단히 요리해 먹고 싶다면 꼭 들러볼 만한 마트입니다.

TOKYO's PICK

스프레드, 소스의 성지!
KALDI에서 뭘 사야 할까

칼디는 커피를 비롯해 세계 각국의 음식, 와인 등 평소 슈퍼마켓에서는 쉽게 만나기 어려운 상품들을 모아 놓은 음식 전문 셀렉트 숍입니다. 작은 매장 안에서 새로운 맛을 하나씩 발견하는 재미가 쏠쏠해요.

야마토푸즈 히로시마 레모스코
486엔

ヤマトフーズ 広島レモン レモスコ
타바스코의 레몬 버전으로, 일본 레몬 산지인 히로시마산 레몬을 사용했습니다. 피자나 튀김 요리에 뿌리면 산뜻하게 맛의 균형을 잡아줍니다.

카페 칼디 인스턴트 커피 에스프레소
583엔

カフェカルディ インスタントコーヒー エスプレッソ

카페 칼디 인스턴트 커피 카페모카
691엔

カフェカルディ インスタントコーヒー カフェモカ

칼디는 원래 커피 원두 전문점으로 시작했기 때문에 원두 라인업이 다양하고 맛도 좋아요. 그중에서도 간편하게 즐길 수 있는 인스턴트 커피 시리즈를 추천합니다. 뜨거운 물만 있으면 집에서도 카페 같은 풍미를 느낄 수 있습니다.

달걀이 필요 없는
달걀 덮밥 소스
129엔

卵のいらない卵かけご飯の素

일본 가정식에서 흔히 먹는 '달걀 덮밥(卵かけご飯)'을 손쉽게 즐길 수 있는 제품이에요. 원래는 따끈한 밥 위에 날달걀과 간장을 올려 먹는 음식인데, 이 소스 하나면 달걀 없이도 간단히 완성됩니다.

바르고 구우면 메론빵
298엔

ぬって焼いたらメロンパン

식빵에 발라 구우면 달콤한 메론빵으로 변신하는 잼 타입 스프레드입니다. 간단하면서도 기분 좋은 디저트가 완성돼요.

와사비 타르타르 소스
483엔

わさびのタルタルソース

마요네즈에 레몬즙과 양파 등을 넣어 만든 타르타르 소스에 와사비를 더한 독특한 제품입니다. 느끼함을 잡아주어 생선튀김과 특히 잘 어울려요.

TOKYO's PICK

한국보다 저렴한 일본 MUJI, 실패 없는 꿀템 추천

무인양품은 커피, 간단한 식품, 생활용품까지 다양한 상품을 선보이는 브랜드예요. 특히 일본에서는 한국보다 저렴하게 구할 수 있어 여행 중 쇼핑 리스트에 꼭 넣어야 할 곳입니다.

인테리어 프레그런스 오일 우디 1,490엔

インテリアフレグランス
オイル ウッディ

자외선 차단 시트 290엔

日焼け止めシート

다리나 팔을 닦는 것만으로 자외선 차단이 되는 시트입니다. 품절될 때가 많으니 보이면 꼭 챙겨보세요.

우드 스틱 390엔

ラタンスティック

깔끔한 병에 우드 스틱만 꽂아두면 은은한 우디 향이 공간을 채워줍니다. 인테리어 효과도 있어 손님들이 많이 물어보는 아이템이에요.

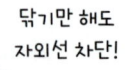

닦기만 해도 자외선 차단!

쇼핑

재료를 그대로 살린 카레 버터 치킨
350엔

素材を生かしたカレー バターチキン

무인양품의 시그니처는 단연 레토르트 카레예요. 그중에서도 가장 인기 있는 버터 치킨은 느끼하지 않고 부드러운 맛이 특징이라 재구매율이 높습니다.

충전식 콤팩트 핸디 팬
1,290엔

充電式コンパクトハンディファン

각도를 자유롭게 조절할 수 있는 휴대용 선풍기예요. 풍량은 4단계로 조절 가능해 여름 필수품으로 인기랍니다.

고품질 더블 링 노트 방안지
베이지 커버 A6 흰 종이 70매 밴드형식 **350엔**

上質紙ダブルリングノート・ドット方眼

ベージュ・Ａ６・白・７０枚・ゴム留め付き

무인양품 노트는 종이 질이 좋아 애용하는 분이 많습니다. 특히 밴드형 노트는 여행 계획 작성 등 기록하기에 좋아 재구매 아이템으로 추천드려요.

TOKYO's PICK

만능 셀렉트 숍
돈키호테의 숨은 꿀템

돈키호테는 기념품, 생활용품, 식품까지 한 번에 살 수 있는 만능 셀렉트숍이에요. 그냥 구경만 해도 시간이 훌쩍 지나갈 정도로 다양한 상품이 가득합니다. 가격은 점포마다 다를 수 있으니 방문 시 확인하세요.

일석이조 목욕 타월
一枚二役のバスタオル

한쪽은 머리카락 전용 마이크로아이버, 다른 한쪽은 피부 전용 순면으로 만든 양면 타월이에요. 머리와 피부를 동시에 부드럽게 닦을 수 있는 아이디어 상품으로, 여행 후 피로 풀 때도 딱이에요.

초 빅 사이즈 자동 접이식 우산 70cm
超ビッグサイズ自動開閉折り畳み傘 70㎝

양산으로도 쓸 수 있는 접이식 우산이에요. 보통 접이식 우산은 크기가 작은 경우가 많지만, 이 제품은 가볍고 크기가 넉넉해 여행 중 갑작스러운 비에도 든든합니다. 여행 중 급하게 우산을 사야 한다면, 편의점 비닐 우산 대신 꼭 추천하고 싶은 아이템이에요.

100 종류의 미용 성분 배합 올케어 마스크 30매

100種類の美容成分配合 全方位ケアマスク 30枚

트러블, 모공, 햇빛에 탄 피부 케어 등 다양한 피부 고민을 한 번에 케어할 수 있는 시트 마스크입니다. 이 제품 하나로 피부 진정은 기본, 안심하고 사용할 수 있어요.

군고구마 두유 라떼

焼き芋ソイラテ

가고시마현 고구마로 만든 분말 라떼예요. 뜨거운 물만 부어도 고소하고 진한 군고구마 두유 라떼가 완성됩니다. 맛이 심심하지 않고 은근히 중독적이라 한 번 맛을 보면, 여러 번 구입하게 되는 재구매율이 높은 제품이에요.

4 in 1 차량용 충전기

シガーソケット対応充電器 4in1

일본은 100V 전압을 사용하기 때문에 여행자가 불편할 수 있는데요, 이 충전기는 라이트닝·USB-C 등 다양한 타입을 지원합니다. 사용하지 않을 때는 깔끔하게 감아 보관할 수 있어 부피를 차지하지 않는 똑똑한 제품이에요.

TOKYO's PICK

도쿄역 지하, 그란스타는 선물용 명과의 성지

도쿄 여행 기념품으로 남녀노소 누구에게나 사랑받는 것은 단연 명과입니다. 특히 도쿄역 지하에 있는 그란스타(Granstar Tokyo)는 다양한 명과를 한자리에서 만날 수 있는 곳이에요. 일본인들도 지방에 갈 때 도쿄역을 자주 이용하기 때문에, 자연스럽게 기념 과자 문화가 발달했습니다. "뭘 살지 모르겠다" 싶을 때에는 일단 이곳으로 향해 보세요.

도쿄 Suica 펭귄 크림 샌드 쿠키
972엔

東京Suica
のペンギンクリームサンドクッキー

도쿄 교통카드 Suica의 마스코트 펭귄이 관광 안내하는 도쿄 풍경을 담아낸 귀여운 디자인이에요. 쌀가루가 들어간 바삭한 쿠키에 바닐라·초코 크림을 샌드해 누구나 좋아할 맛입니다.
구매 장소: DOLCE FELICE (ドルチェフェリーチェ)

도쿄역 마루노우치 역사가 새겨진 쿠키
1,296엔

東京駅丸の内駅舎フールセック

도쿄역의 상징적인 붉은 벽돌 건물을 새겨 넣은 고급 구움 과자입니다. 특별한 여행의 추억을 담기에도 좋습니다.
구매 장소: 코롬반 (コロンバン)

INFO | 그란스타 (グランスタ東京)
🕐 월~토 08:00~22:00, 일 08:00~21:00
📍 Gransta Tokyo, B1F, Tokyo Station, 1-9-1 Marunouchi, Chiyoda-ku, Tokyo

체다 치즈 파이 샌드
1,944엔

チェダーチーズパイサンド

바삭한 파이 반죽에 고소한 체다 치즈 크림이 가득 들어간 과자입니다. 중독성 있는 풍미 덕분에 자꾸 손이 가요.

구매 장소: 도쿄 밀크 치즈 공방 (東京ミルクチーズ工場)

Calbee+ × 도쿄바나나 감자칩
1,047엔

Calbee+×東京ばな奈 じゃがボルダチップス 鰹と昆布のうまみだし味

감자칩 브랜드 Calbee+와 도쿄 대표 명과 도쿄바나나의 협업 상품입니다. 가츠오와 다시마 감칠맛이 더해져 독특한 풍미를 즐길 수 있습니다.

구매 장소: 쟈가볼다 (じゃがボルダ)

도쿄 쇼콜라 사브레
1,296엔

東京ショコラサブレ

도쿄역 마루노우치 역사가 그려진 패키지가 눈에 띄어요. 비터 초콜릿 칩 & 카카오닙스, 스위트 초콜릿 칩 & 피스타치오 두 가지 맛을 함께 즐길 수 있습니다.

구매 장소: 메리 초콜렛 (メリーチョコレート)

TOKYO's PICK

감성과 실용성을 담은
도쿄 사람만 아는
숨은 꿀템들

도쿄 현지인들이 애정하지만 관광객에게는 아직 잘 알려지지 않은 '숨은 꿀템'들을 정리했습니다. 일본 특유의 감성과 실용성을 담은 아이템들이라 선물용으로도 좋고, 일상에서도 유용하게 쓰일 거예요.

솥밥 뚝배기 3합
972엔

炊き おひつ炊飯鍋 3合炊き
일본 솥밥의 명맥을 이어온 미에현에서 정성껏 만든 뚝배기입니다. 직접 밥을 지을 수 있을 뿐 아니라, 남은 밥을 넣어 전자레인지에 데울 수도 있어 실용적입니다.
구매 장소: AKOMEYA

사봉 헤어 오일
3,300엔

サボン ヘアオイル
선물용으로 인기가 많은 헤어 오일이에요. 가볍게 발려 자기 전에도 부담 없고, 일본 특유의 촉촉한 '웨트 헤어' 스타일을 연출할 때 자주 사용됩니다.
구매 장소: SHIRO

쇼핑

원하는 색부터 쓸 수 있는 포스트잇
253엔

好きな色から使えるふせん

무지개처럼 이어진 색상 중 원하는 색을 마음대로 뽑아 쓸 수 있는 포스트잇입니다. 꼭 맨 위부터 쓸 필요가 없어 작은 재미와 자유로움을 주는 아이디어 상품이에요.

구매 장소: 로프트 (LOFT)

세잔느 아이브로우 코트
506엔

EX CEZANNE
アイブロウコートEX

습도가 높은 일본에서 특히 유용한 꿀템! 눈썹 메이크업 위에 투명 코팅처럼 발라주면 물놀이나 무더운 여름에도 눈썹이 흐트러지지 않습니다.

구매 장소: 돈키호테, 마츠모토키요시 등 드러그스토어

주먹밥 케이스 200ml

おにぎりケース 200ml

삼각형 모양 그대로 주먹밥을 담을 수 있는 케이스입니다. 랩으로 싸면 쉽게 모양이 망가지는데, 이 케이스는 도시락 준비를 깔끔하고 기분 좋게 만들어 줍니다.

구매 장소: 로프트 (LOFT)

TOKYO's PICK

계절을 따라 걷는
도쿄 계절별 명소

도쿄는 계절마다 전혀 다른 얼굴을 보여주는 도시입니다. 같은 거리라도 봄의 벚꽃, 여름의 불꽃, 가을의 단풍, 겨울의 불빛 속에서는 전혀 다른 풍경으로 다가오지요. 잠시 걸음을 멈추고, 지금 도쿄가 어떤 계절을 살고 있는지 느껴보세요. 언제 가도 새로운 모습으로 반겨주는 도쿄, 계절별 추천 스폿을 소개합니다.

봄 　나카메구로 벚꽃 산책

도쿄에서 가장 인기 있는 벚꽃 명소 중 하나인 나카메구로. 메구로강을 따라 800그루가 넘는 벚꽃이 활짝 피면 강가를 걷는 사람들까지 분홍빛으로 물듭니다. 강변에는 카페와 베이커리, 작은 와인 바가 이어져 있어 산책길이 더욱 즐겁지요. 저녁에는 조명이 켜져 밤벚꽃도 감상할 수 있습니다. 벚꽃의 절정은 매년 조금씩 달라지지만, 보통 3월 하순부터 4월 초순 사이가 가장 아름답습니다.

여름 　스미다강 불꽃놀이

무더운 도쿄 여름을 가장 극적으로 기억하게 해주는 건 단연 불꽃놀이(하나비)입니다. 그중에서도 대표적인 것이 바로 1733년부터 시작된 도쿄 최고의 불꽃놀이, 스미다강 불꽃놀이예요. 하늘 가득 펼쳐지는 불꽃, 강 위를 떠다니는 유람선, 그리고 축제를 즐기는 사람들의 설렘이 어우러져 여름 밤을 수놓습니다. 특히 료고쿠 지역은 명당 자리로 손꼽히니 꼭 가보시길 추천합니다. 매년 7월 마지막 주에 열립니다.

가을 　도쿄대학 은행나무길

가을이 되면 도쿄대학 본교 캠퍼스가 노란빛으로 물듭니다. 입구에서부터 쭉 이어지는 은행나무길은 도쿄 대학가 중에서도 가장 아름다운 가을 풍경으로 유명하지요. 고딕 양식의 웅장한 건물을 배경으로 황금빛 단풍이 쌓인 캠퍼스를 걷다 보면, 시간마저 느리게 흐르는 듯합니다. 가장 아름다운 시기는 11월 중순에서 하순. 주말보다 평일 오전에 방문하면 한적하게 산책을 즐길 수 있습니다.

겨울 　롯폰기 크리스마스 마켓

12월이 되면 롯폰기 거리는 크리스마스를 맞아 일루미네이션으로 화려해집니다. 롯폰기 힐스에도 작은 유럽이 열립니다. 바로 롯폰기 힐스 크리스마스 마켓이지요. 유럽 현지 마켓을 그대로 옮겨 온 듯한 도쿄의 대표 겨울 명소로, 따뜻한 와인과 소시지 같은 간식, 장인의 손길이 담긴 오너먼트를 만날 수 있습니다. 도심 속에서 느끼는 이국적인 겨울 정취와 도쿄의 낭만 가득한 연말을 즐기고 싶다면 꼭 들러보세요.

명소

memo.   /   /

memo.   /   /

memo.   /   /

memo.   /   /

프렌즈 테마여행 시리즈 02

요즘 도쿄 맛집

발행일 | 초판 1쇄 2025년 10월 6일

지은이 | 마이구루루

발행인 | 박장희
대표이사·제작총괄 | 신용호
본부장 | 이정아
편집장 | 문주미
책임편집 | 장여진
기획위원 | 박정호
마케팅 | 김주희, 한륜아, 이현지
표지 디자인 | 데일리루틴
내지 디자인 | 부가트
표지 사진 | Photo by James Pere on Unsplash

발행처 | 중앙일보에스(주)
주소 | (03909) 서울시 마포구 상암산로 48-6
등록 | 2008년 1월 25일 제2014-000178호
문의 | jbooks@joongang.co.kr
홈페이지 | jbooks.joins.com
인스타그램 | @friends_travelmate

ⓒ 마이구루루, 2025

ISBN 978-89-278-8121-6 14980
ISBN 978-89-278-8119-3(세트)

- 이 책은 저작권법에 따라 보호받는 저작물이므로 무단 전재와 무단 복제를 금하며 책 내용의 전부 또는 일부를 이용하려면 반드시 저작권자와 중앙일보에스㈜의 서면 동의를 받아야 합니다.
- 책값은 뒤표지에 있습니다.
- 잘못된 책은 구입처에서 바꿔 드립니다.

중앙books는 중앙일보에스(주)의 단행본 출판 브랜드입니다.